Werner Kuchar

Alle Jahre wieder ...

Impulse und Gestaltungsvorschläge
für Advent und Weihnachten

Werner Kuchar

Alle Jahre wieder ...

Herder
Freiburg · Basel · Wien

Umschlaggestaltung: Finken & Bumiller
Herstellung: Freiburger Graphische Betriebe 1999
Gedruckt auf umweltfreundlichem,
chlorfrei gebleichtem Papier
ISBN 3-451-26978-3

Inhalt

Vorwort

Bekanntlich beginnt Weihnachten heutzutage Ende September, mit den ersten Nikoläusen im Schaufenster. Hektik setzt ein: Welche Geschenke für wen? Wo gibt's den günstigsten Christbaum? Wo bringen wir Tante Anna über die Feiertage unter? Und wer doch einmal dem Trubel der Weihnachtsfeiern entgehen möchte, tickt nicht richtig, weil der Advent ja wohl *die* Zeit zum Feiern ist, zum Beieinandersein, zum Familientreffen. Dann kommt da noch die Kirche mit ihren Spendenaufrufen zu »Adveniat« und weiß der Kuckuck was noch. Hauptsache, die Atmosphäre stimmt. Die Christmette gehört nun mal zu einem gelungenen Heiligabend. Weihnachten hat etwas von Friede, Freude, Eierkuchen. Man hat weitherzig und laufend ein bißchen gerührt zu sein. Unerklärlich, warum viele Jugendliche gerade davon nichts halten und am liebsten weit weg wären, wenn die Familie feiert. Es ist schon ein Kreuz mit Weihnachten...

Jugendliche fühlen sich besonders wenig an die Konvention von der gesegneten Weihnacht gebunden. Vielleicht spüren sie am deutlichsten, daß es sich dabei meist um Halbherziges, nicht um Ernstgemeintes handelt. Sie stellen in Frage, womit Erwachsene sich häufig schon um des lieben Friedens willen abgefunden haben.

Das »Fest der Liebe« stellt sich am Jahresende nicht automatisch ein. Viele Familien würden gern ein echtes »Fest der Liebe« feiern, wenn sie nur wüßten wie. Nicht selten kommt es zum gegenteiligen Effekt: Streit ist gerade jetzt am heftigsten, Familien brechen gerade jetzt endgültig auseinander, und gerade jetzt steigt die Selbstmordrate unter den Einsamen.

Die Gottesdienste, die dieses Buch anbietet, bemühen sich darum, die Feste des Advent und der Weihnachtszeit ohne jenen Hauch von Romantik zu begehen. Sie wollen vielmehr daran erinnern, daß es auch Jesus und seine Familie schwer hatten.

Während die Engel den Hirten den Frieden auf Erden verkünden, ist die Heilige Familie erschöpft vom beschwerlichen Weg, von der

Geburt und – so es tatsächlich eine Winternacht gewesen ist – von der Kälte. Maria und Joseph haben damit zu kämpfen, daß das Kind unehelich geboren ist. Sie haben einen sozialen Abstieg hinter sich (Was bringt einen Mann königlicher Abstammung dazu, sein Brot als Zimmermann zu verdienen?) und eine mörderische Flucht vor sich. Es ist nicht sehr romantisch, daß Jesu Existenz den Tod vieler kleiner Kinder verursacht.

Jesus bleibt getrieben sein Leben lang, er weiß auch später nicht, wo er sein Haupt hinlegen soll.

Das Kreuz mit Weihnachten meint auch dies: Jesus ist nicht gekommen, um fortan der holde Knabe im lockigen Haar zu sein, sondern ein enfant terrible, ein unbequemer Zeitgenosse, dem von Anfang an klar ist, wo sein irdisches Leben enden wird. Über aller Weihnacht schwebt bereits jenes Symbol, das zur Hoffnung noch nicht recht Anlaß gibt: das Kreuz.

Wenn das Weihnachtsfest trotzdem der Sehnsucht nach Frieden und Liebe Raum gibt, dann deshalb, weil es unendliche Liebe ist, daß Gott *alle* menschlichen Sorgen teilt. Wenn zu Weihnachten Streit am heftigsten ist, Familien endgültig auseinanderbrechen und die Selbstmordrate unter den Einsamen steigt, dann ist Zeit für die Botschaft von Weihnachten: daß Gott sich um dies alles kümmert und in unser Leben hineinspricht: Ich bin da für euch – ein Jahwe und Immanuel gleichzeitig.

Dieses Buch enthält also beileibe nicht Gottesdienste nur für Jugendliche, obgleich viele von ihnen mit Jugendlichen vorbereitet und gefeiert wurden. Die Modelle richten sich auch an Erwachsene, die sich vielleicht abgefunden haben mit der konventionellen Weihnacht, aber nicht recht glücklich damit sind.

Für die Gottesdienste der Advents- und Weihnachtszeit sehe ich die paradoxe Chance, vorsichtig die Konvention zu brechen, von der sie profitieren: Der Gottesdienstbesuch ist überdurchschnittlich gut, und die Besucher sind daher empfänglich für eine Botschaft, die ihnen ernstgemeint und gar nicht halbherzig aus der Seele spricht. Vielleicht ist es damit möglich, Menschen wieder mit der Botschaft in die Kirchen zu holen und nicht dadurch, daß man die Konvention bedient.

Allgemeine Hinweise

- Die Gottesdienste planen teilweise auch einen Eucharistie-Teil mit ein, der sich ganz nach dem Meßbuch richtet. Auch diese Gottesdienste lassen sich als Wortgottesdienste gestalten; hierzu wird das Gabengebet weggelassen, nach den Fürbitten folgen sofort Vaterunser und Friedensgruß, Schlußgebet und Segen/Entlassung.
- Ebenfalls nicht ausgeführt sind Einzug, liturgische Begrüßung sowie Segen und Abschlußformen. Hier hat jede Gruppe und Gemeinde sicher ihre eigenen Traditionen.
- Die angegebenen Lieder können durch bekanntere ersetzt werden. Entnommen wurden sie a) dem Gotteslob mit Passauer Diözesanteil (GL) und b) der Sammlung neuer religiöser Lieder »Effata«, herausgegeben vom Bischöflichen Jugendamt Passau, Innbrückgasse 9, 94032 Passau. Für die Liedauswahl danke ich meinem Kollegen Hubert Kramer M.A.!
- Nach Angaben zur Vorbereitung und Hinweisen zu Durchführung und Hintergrund sind die verwendeten Bibelstellen angegeben: Lesung und Evangelium. Ich empfehle grundsätzlich die Verwendung eines großen Lektionars, wie Pfarrgemeinden es normalerweise benutzen – der optische Eindruck eines solchen Buches verstärkt das Gewicht des Gotteswortes.
- Ebenso sollte man nicht auf das originale Meßbuch verzichten, wenn auf Texte daraus verwiesen wird, denn auch sie gehören zum Schatz der Kirche, auf den an passender Stelle aufmerksam gemacht werden darf – von einem Abdruck der Texte habe ich abgesehen.
- Die meisten Gottesdienste dauern mit wenigen Ausnahmen ca. 45 Minuten, die GebetsMomente 10 bis 15 Minuten. Für Meditationen sollte man gut eine Stunde Zeit haben.

Advent

GOTTESDIENSTREIHE FÜR DEN ADVENT

FESTE IM ADVENT

GEBETSMOMENTE UND MEDITATIONEN

Die vier Gottesdienste der Reihe sind nicht vornehmlich für die Sonntage gedacht. Durchgeführt wurden sie mit Schülern höherer Jahrgangsstufen an vier Donnerstagen. Der thematische Rahmen verlangt eine andere Textauswahl, als sie das Direktorium vorgibt. Damit läßt sich aber auch an Sonntagen leben.

Wichtigstes Element der Gottesdienste ist eine Tür. Bei all unserem Weggehen und Ankommen spielen Türen eine große Rolle. Geöffnet ist die Tür eine stumme Einladung hereinzukommen oder aufzubrechen, geschlossen ist sie ein starkes Zeichen von Ablehnung oder Endgültigkeit.

Ein zweites wichtiges Element betrifft den Ablauf. Die Schriftlesung vor dem Evangelium ist ersetzt durch eine um Texte deutschsprachiger Schriftsteller erweiterte Einführung. Die Texte geben die thematische Orientierung für die einzelnen Gottesdienste. Alle stehen sie in Verbindung mit der Advents-Tür. Vielleicht erschrecken sie auf den ersten Blick durch ihre Länge. Allerdings ermöglicht gerade die Länge den Zuhörern, in die Atmosphäre dieser Texte einzutauchen. Die Sinnspitzen erst in den letzten Sätzen gewährleisten nach dem Eintauchen auch ein Auftauchen und direktes Weiterführen.

Mit der Gottesdienstreihe verbunden ist der GebetsMoment mit dem Titel »Eine Tür in den Advent« (S. 47). Eine wie auch immer geartete Einführung ist sinnvoll, damit die beiden Elemente echte Begleiter (und keine Störung) werden. Möglichkeiten, den GebetsMoment wie angeboten oder variiert einzubauen, bieten sich schon an Christkönig, an einem Wochentag vor dem ersten Advent oder auch in der Vorabendmesse zum ersten Advent.

Entscheidung

Vorbereitung
- *Auch für alle weiteren Gottesdienste:*
- *eine Tür mit Rahmen (Theaterrequisit, Leihgabe einer Firma oder durch Umbau o.ä. entbehrlich geworden), aufgestellt im Altarraum*
- *ein Hocker für den Sprecher*

E: Lk 3,1-16

Einzug GL 105 ***»O Heiland, reiß die Himmel auf«***

Einführung

Advent ist eine Fastenzeit. Aber wozu? Schokoladennikoläuse und Weihnachtsplätzchen verhindern geschickt jeden Ansatz von Fasten. Die »Stille Nacht« gibt's schon am Nachmittag. Die »Tür zu Weihnachten«, Sinnbild für den Advent, ist uns schon begegnet, einladend geöffnet, eine Tür, um etwas hereinzulassen und selber hinauszugehen. Aber das ist so eine Sache mit der Entscheidung. Die Geschichte von der Herbergssuche ist bekannt, jeder weiß, wie viele Türen da zu bleiben. Aber wie sieht's mit dem Hinausgehen aus? Sind wir so offen, auf jemanden zuzugehen, in dem uns Gott begegnen könnte, auch wenn er nicht so aussieht? Der Advent als Fastenzeit lädt ein, sich mit der kleinen Hemmschwelle auseinanderzusetzen, die uns so oft von anderen Menschen trennt. Die Möglichkeit, sie zu überschreiten, ist da – die Tür steht offen. Wollen wir in den drei Wochen Advent dahin kommen, auch tatsächlich loszugehen!

Doch jetzt fangen wir erst einmal von ganz vorne an – und hören Franz Kafka: (T 1)

Der Leser sitzt auf dem Hocker vor der geöffneten Tür.

Kyrielied GL 103 ***»Tau aus Himmelshöhn«***

Tagesgebet

Guter Gott, wir feiern Advent. In Jesus, deinem Sohn, willst du bei uns ankommen. In vielen Menschen begegnest du uns, wir aber erkennen dich nicht. Öffne uns Augen und Herz, damit wir dich erkennen, wenn du bei uns ankommen willst. Öffne uns Augen und Herz auch, damit wir unsere Chancen erkennen und die Dinge richtig anpacken können, bevor uns jemand die Tür vor der Nase zuschmeißt. Darum bitten wir durch Christus, unsern Herrn. Amen.

Evangelium

Antwortgesang Eff 104
»Menschen auf dem Weg durch die dunkle Nacht«

Fürbitten

Guter Gott. Mit unseren Fragen und Ängsten kommen wir zum Gottesdienst. Nimm sie an und nimm sie ernst:

Die einzelnen Sprecher gehen bei ihrer Fürbitte vor die Tür und legen ihr Textblatt anschließend auf der Schwelle ab.

1. Ich kann mich nicht entscheiden, ohne es gleich wieder zu bereuen. Ich glaube oft, daß die andere Möglichkeit die bessere gewesen wäre. Für alle, denen es ähnlich geht, bitte ich dich: Hilf uns über die Schwelle, zu getroffenen Entscheidungen zu stehen, und gib uns das Gefühl, den richtigen Weg zu gehen.
2. Ich kann mich nicht entscheiden zwischen Vater und Mutter; sie leben getrennt und können einander nicht ausstehen. Ich stehe zwischen den Fronten. Für alle, denen es ähnlich geht, bitte ich dich: Hilf uns über die Schwelle, mit anderen darüber zu reden und ein liebevolles Zuhause zu finden.
3. Ich kann mich nicht entscheiden, wem ich glauben soll: meinem Gefühl und Verstand oder dem, was alle sagen. Ich fühle mich manchmal betrogen, als ob mir jemand mein Leben aus der Hand nehmen möchte. Für alle, denen es ähnlich geht, bitte ich dich: Hilf uns über die Schwelle zu einer eigenen Meinung, die wir auch gegen eine unbequeme Mehrheit vertreten können.
4. Ich kann mich nicht entscheiden, was aus mir werden soll; die ganze Welt steht mir offen, aber das ist manchmal fast zu viel. Außerdem traue ich mir so vieles nicht zu. Für alle, denen es ähn-

lich geht, bitte ich dich: Hilf uns über die Schwelle zum Selbstvertrauen, damit wir nach der Ausbildung gut starten können.

Fürbittlied Eff 28 *»Wir bitten dich, erhöre uns«*

Offertorium Orgel

Gabengebet

Guter Gott, unsere Gaben Brot und Wein haben wir zu dir gebracht. Verwandle uns mit diesen Gaben in offene Menschen, die für dich und alle Hilfesuchenden eine offene Tür haben. Laß Jesus in den verwandelten Gaben bei uns ankommen. Als unser Begleiter soll er uns helfen, mit unseren Ängsten umzugehen und aus uns herauszugehen. Darum bitten wir durch Christus, unsern Herrn. Amen.

Sanctus GL 874 *»Heilig« (Schubert-Messe)*
Agnus Dei Eff 77 *»Schweige und höre« (Kanon)*
Kommuniondank GL 114 *»Es kommt ein Schiff, geladen«*

evtl. Besinnung (T 9)

Schlußgebet

Guter Gott. Du hältst uns deine Tür offen. Du bietest uns einen Ausweg, wenn es scheinbar keinen mehr gibt. Am Weihnachtsfest bist du uns greifbar nahe, als Mensch für uns Menschen verständlich. Wir wollen die Zeit der Vorbereitung nutzen, wir wollen der Tür zu dir, den anderen Menschen und zu uns selber näher kommen. Begleite uns und stärke uns. Darum bitten wir durch Christus, unsern Herrn. Amen.

Der weite Weg

Vorbereitung
- *Diaprojektor, die Leinwand hinter der geöffneten Tür*
- *Dias zu Text T 2 und den Fürbitten (s.u. Hinweis)*
- *CD-Player mit der Musik von Mendelssohn-Bartholdy (s.u. Kommuniondank)*

Hinweis
Mögliche Stichworte für die Motive und den Einsatz der Dias sind in Text T 2 und in den Fürbitten durch Fettdruck hervorgehoben. Die kirchlichen Medienzentralen halten ein ausreichendes Angebot an Einzeldias bereit.

E: Mt 7,13f.

Einzug Eff 104 ***»Menschen auf dem Weg durch die dunkle Nacht«***

Einführung

»Tausend Jahre sind für dich wie der Tag, der gestern vergangen ist«, sagt Psalm 90. Wir leben heute in einer Zeit, in der wir das gut nachvollziehen können: Entwicklungen passieren immer schneller, man muß sich anstrengen, um auf dem neuesten Stand zu bleiben. Unsere Zeit ist schnellebig, sagen wir. Mit der Entwicklung schreitet auch die Zerstörung immer schneller voran – und wen wundert's, wenn es junge Paare gibt, die keine Kinder haben wollen, um ihnen das alles nicht zumuten zu müssen. Aber wir – wir sind nun einmal hier. Uns hat man diese Zeit zugemutet. Wir sollen unseren Weg gehen, und tatsächlich braucht es einigen Mut.

Wieder steht unsere Advents-Tür offen. Wir wollen durch sie hinausschauen auf unsere schnellebige Welt, und wir wollen uns Gedanken machen über unseren Weg, den wir zu gehen haben in dieser Welt

– und vielleicht gehen wir ihn hinterher mit ein bißchen mehr Mut. Machen wir uns zunächst ein Bild von der Welt und der Zeit heute. Dabei hilft uns Hermann Hesse: (T 2)

Der Leser sitzt neben der Tür. Eine Dia-Auswahl begleitet den Text.

Kyrie

1. An welchem Ort lebe ich? Was bedeutet er mir?
2. Bin ich gern zu Hause? Bin ich gern unterwegs? Warum?
3. Habe ich Angst vor der Zukunft? Wer ist bei mir?

Kyrielied Eff 10 ***»Herr, erbarme dich«***

Tagesgebet

Guter Gott. Wir stehen an bedeutenden Schwellen: an der Schwelle zum Erwachsensein oder zum Altsein und an der Schwelle zum nächsten Jahrtausend. Die Zukunft sieht nicht rosig aus. Du willst, daß wir unser Leben in die Hand nehmen und vorwärtsgehen. Zeige uns, daß du mitgehst – jeden Tag neu. Diese Erfahrung fehlt uns so oft, und so oft wissen wir nicht weiter. Sei uns Wegweiser und Begleiter und schicke uns Menschen, auf die wir uns verlassen dürfen. Zeige uns, daß wir einen Rückzug nicht nötig haben, daß unsere Tür in die Welt offenbleiben kann ohne Schaden. Darum bitten wir durch Christus, unsern Herrn. Amen.

Evangelium

Antwortgesang GL 116 ***»Gott, heilger Schöpfer aller Stern«***

Fürbitten

Gesprochen wird an der Tür. Vor jeder Bitte bedient der Sprecher den Projektor.

Guter Gott. Auch der Weg, den dein Sohn uns im Evangelium weist, ist schwierig. Doch wir dürfen die Gewißheit haben, daß es den Weg, der zum Ziel führt, auch wirklich gibt. Unser Leben wird nicht im Chaos enden. Aber unsere Bitten zeigen, daß wir uns schwertun mit deinem Evangelium.

1. Mein Leben läuft in **gesicherten Bahnen**. Es gibt nichts Unvorhergesehenes und keine Abwechslung. Ich bin einer von vielen. Ich schaue weder nach links noch nach rechts, das interessiert mich nicht mehr. Es würde mein Leben aus der Bahn werfen. Trotzdem

fühle ich mich nicht wohl. Mein Weg ist so breit und bequem. Wirf mich hinaus, aber halte mich.

2. Mein Leben ist völlig **durcheinander**. Es gibt keine Sicherheiten und keine Perspektive. Ich bin einer von vielen. Ich schaue ständig nach links und nach rechts auf die Menschen, denen es besser geht als mir. Sie könnten mein Leben sichern. Laß mich wissen, daß ich mich trotzdem ein bißchen wohl fühlen darf. Schenke mir wenigstens kleine Augenblicke voller Wärme und Zuneigung, so daß ein schmales Stück von dem Weg sichtbar wird, auf dem ich gehe.
3. Mein Leben muß vor allem **Spaß und action** sein. Es gibt keine Langeweile und keine Ruhepausen. Ich bin einer von vielen. Ich halte ständig Ausschau nach neuen Vergnügungen. Sie lenken mich ab. Denn eigentlich fühle ich mich elend. Meinen Weg mache ich mir so breit und bequem. Hilf mir durch das kleine Tor zu mir selbst, damit ich endlich zur Ruhe komme.
4. Mein Leben finde ich von Anfang an **kaputt**. Es gab keine Liebe und kein Verständnis. Ich bin einer von vielen. Ich schaue nirgends mehr hin, ich sitze in meinem Schneckenhaus. Aber auch ich will mich wohl fühlen. Höre auf meinen stummen Schrei, besuche mich, tröste mich, hole mich zurück auf den Lebensweg.

Fürbittlied GL 358/3 »*Herr, erbarme dich*« *(mehrstimmig)*

Offertorium GL 490 »*Was uns die Erde Gutes spendet*«

Gabengebet

Guter Gott. Wir haben unseren Schwierigkeiten ins Auge gesehen und unsere Sorgen abladen können, laut oder leise. Komm jetzt zu uns, wie du einmal zum Propheten Elias gekommen bist: Bring uns zu essen und zu trinken, damit unser Weg weitergehen kann. Wir wollen dir die Gaben weihen und sie wieder empfangen. Teile sie mit uns, die Gaben und deine Zuversicht, daß wir unser Leben richtig anpacken. Darum bitten wir durch Christus, unsern Herrn. Amen.

Sanctus Eff 48 »*Heilig ist der Herr des Himmels und der Erde*«
Agnus Dei GL 894 »*O du Lamm Gottes*«

Vor der Kommunionausteilung: Hinweis auf's Gehen: Wenn wir nun Gott entgegengehen, ist das gleichzeitig ein kleiner Ausschnitt aus unserem Lebensweg.

Zum Kommuniondank:
Felix Mendelssohn-Bartholdy: »Denn er hat seinen Engeln befohlen über dir«
z.B.: Regensburger Domspatzen im Konzert; Freiburger Musikforum: AM 1014-2 (Regensburger Domspatzen / Georg Ratzinger)

Schlußgebet

Guter Gott. Du hast deinen Engeln befohlen über uns, daß sie uns behüten auf allen unseren Wegen. Wir konnten dich spüren im Brot und im Wein. Laß dich auch im Alltag spüren, laß uns deinen Schutz erkennen in Menschen und Situationen. Führe uns durch diese schnellebige Zeit. Darum bitten wir durch Christus, unsern Herrn. Amen.

Herbergssuche

Vorbereitung

- *Die Tür ist geschlossen*
- *ein Schild mit der Aufschrift »Dorfmitte«, im Mittelgang aufgestellt*
- *ein für die Tür passender Schlüssel*

E: Lk 11,5-10

Eingangslied GL 107 ***»Macht hoch die Tür«***

Einführung

Unsere Tür ist geschlossen. Wir hätten gerne auch ankommen mögen. Wir haben ja erst vorsichtig hinausgeschaut. Die Tür zu Weihnachten war offen. Aber so einfach ist das nicht. Maria und Joseph waren auch der Meinung: Wir gehen jetzt nach Betlehem, suchen uns ein nettes warmes Hotel und feiern in aller Ruhe die Geburt unseres Kindes. Sie mußten feststellen, daß kein Hotel zu finden war. Josephs Heimatstadt war abweisend, fast feindlich. Nichts mit Heimat...

Heimatlosigkeit kennen wir auch. Wenn einer neu ist und keinen Anschluß findet; wenn es Krach gibt wegen Nichtigkeiten, so daß man gar nicht mehr gern heimkommt; wenn schließlich »nichts mehr so ist wie früher«. Da sieht auch der Jüngste plötzlich alt aus. Manchmal sind wir so wie die alte Frau, die Peter Handke sprechen läßt: (T 3)

Der Sprecher sitzt an dem Schild »Dorfmitte«.

Kyrie

1. Warum bin ich manchmal so traurig und mutlos?
2. Warum bin ich manchmal so pessimistisch und mit allem fertig?
3. Warum bin ich manchmal so gereizt und aggressiv?

Kyrielied Eff 9 (***Kanon)***

Tagesgebet

Guter Gott. Weihnachten steht vor der Tür – und kann nicht herein. Es ist noch nicht die rechte Zeit. Es gibt noch einiges zu tun, daß unser Fest dieses Jahr gelingt. Sprich in diesen Gottesdienst hinein dein Wort, damit uns bewußt wird, welche Türen in unserem Leben anderen verschlossen sind und geöffnet werden sollen; welche Türen bei anderen für uns verschlossen sind und geöffnet werden sollen. Es gibt Türen, die sind allein für uns da. Auch du hältst eine Tür allein für uns bereit. Laß das Wirken und Reden deines Sohnes unser Vorbild sein. Darum bitten wir durch Christus, unsern Herrn. Amen.

Zwischengesang Eff 168 ***»Herr, gib Ohren, dich zu verstehen«***

Evangelium

Das Evangelium wird im zweiten Teil szenisch kommentiert von einem Gottesdienstteilnehmer (T), der auch anschließend die Fürbitten spricht.

Jesus sagte zu den Leuten: Wenn einer von euch einen Freund hat und um Mitternacht zu ihm geht und sagt: Freund, leih mir drei Brote; denn einer meiner Freunde, der auf Reisen ist, ist zu mir gekommen, und ich habe ihm nichts anzubieten!, wird dann etwa der Mann drinnen antworten: Laß mich in Ruhe, die Tür ist schon verschlossen, und meine Kinder schlafen bei mir; ich kann nicht aufstehen und dir etwas geben?

Ich sage euch: Wenn er schon nicht deswegen aufsteht und ihm seine Bitte erfüllt, weil er sein Freund ist, so wird er doch wegen seiner Zudringlichkeit aufstehen und ihm geben, was er braucht.

(An dieser Stelle begibt sich ein Teilnehmer bereits Richtung Tür...)
Darum sage ich euch: Bittet, dann wird euch gegeben; sucht, dann werdet ihr finden; klopft an *(... und klopft jetzt an die Tür)*, dann wird euch geöffnet.

T *(nach kurzer Pause)* Mir öffnet niemand.
Wer bittet, der empfängt.

T Ich stehe draußen, im Regen!
Wer sucht, der findet.

T Ich suche Einlaß und finde keinen!
Wer anklopft, dem wird geöffnet.

T *(klopft noch einmal)* Mir öffnet niemand.

Fürbitten

Unmittelbar nach dem letzten Kommentar von T wendet sich der Vortragende zu ihm um:

Du siehst ziemlich hilflos aus. Komm und nimm dir erst einmal etwas Zeit. Viele Türen bleiben verschlossen in unserer Welt. Der Sinn des Evangeliums ist nicht leicht zu erschließen. Wenn wir versuchen, *ihn* zu erschließen, dann werden wir es schaffen, auch die Tür aufzuschließen.

T kommt an den Ambo und hält sich bereit.

Guter Gott. Dein Sohn fand selbst viele Türen verschlossen, viele feindliche Gesichter da, wo doch seine Heimat war. Trotzdem schenkt er uns die Verheißung: Wer anklopft, dem wird geöffnet; wer bittet, der empfängt. Durch ihn bitten wir dich also:

T Manchmal verzweifle ich. Nichts geht, wie ich es mir vorstelle. Ich bin in meiner Verzweiflung nicht mehr weitsichtig genug, zu sehen, daß sich eine Tür auch anders öffnen läßt, als ich es mir gedacht habe – daß manche Menschen eben auf eine andere Art zu erreichen sind, als ich gedacht habe – daß Gott eben anders reagiert, als ich es mir gedacht habe. Manchmal öffnet sich die Tür nicht von selbst, aber dafür taucht von irgendwoher ein passender Schlüssel auf.

(Ein anderer Teilnehmer bringt den Schlüssel nach vorn, steckt ihn ins Schloß; T geht nun, schließt auf und öffnet die Tür weit; dann nimmt er wieder seinen Platz am Ambo ein.)

Ich bitte dich: Mach mich, mach alle Menschen weitsichtig genug, damit wir uns nicht auf unsere eigenen beschränkten Vorstellungen und Wünsche versteifen. Laß uns vertrauen, daß die Schlüssel zu unseren Problemen oft an unscheinbarer Stelle bereitgelegt sind.

Auch wenn es scheint, daß alle Türen verschlossen bleiben, wenn in Bethlehems Herbergen kein Platz für Jesus und seine Familie ist, dann kann noch immer ein Hoffnungsschimmer aufgehen und ein Schlüssel zu finden sein – selbst wenn es nur der Schlüssel zu einem einsamen Stall vor den Toren der Stadt ist. Darum hören wir nicht auf, dich zu bitten durch Christus, unsern Herrn. Amen.

Offertorium Eff 41 »***Kann denn das Brot…***«

Gabengebet

Guter Gott. Wir haben den Verschlossenheiten unserer Welt ins Auge gesehen und einen Weg gefunden, die Tür wieder zu öffnen. Komm jetzt zu uns, wie du einmal zum Propheten Elias gekommen bist: Bring uns zu essen und zu trinken, damit unser Weg weitergehen kann. Wir wollen dir die Gaben weihen und sie wieder empfangen. Teile sie mit uns, die Gaben und deine Zuversicht, daß wir unser Leben richtig anpacken. Darum bitten wir durch Christus, unsern Herrn. Amen.

Sanctus GL 481 ***»Heilig … ist Gott, der Herr der Mächte«***
Agnus Dei GL 482 ***»Christe, du Lamm Gottes«***

Vor der Kommunionausteilung: Hinweis auf das Schild »Dorfmitte«: Wo Gott uns einlädt, zu ihm zu kommen und ihn zu empfangen, wo Gott auf unser Bitten die Tür öffnet, kann unser Zuhause sein. Deshalb erfolgt die Kommunionspendung am Schild »Dorfmitte«.

Zum Kommuniondank: Hugo Wolf »Einkehr«,
z.B.: Komm, Trost der Welt; Thorofon Schallplatten KG: CTH 2126 (Norddeutscher Figuralchor / Jörg Straube)

Schlußgebet

Guter Gott. Du hast uns in dieser Feier bei dir einkehren lassen und uns ruhen lassen wie ein Schiff im Hafen. Wir konnten dich spüren im Brot und im Wein. Laß dich auch im Alltag spüren, laß uns eine Heimat erkennen an Orten und bei Menschen. Laß uns ausruhen in dieser schnellebigen Zeit. Darum bitten wir durch Christus, unsern Herrn. Amen.

Die Nacht wird zum Tag

Vorbereitung

- *Ein blaues Tuch, zwei Ständer dazu (Kartenständer oder Holzlatten)*
- *hinter dem Tuch eine Lampe bereitstellen*
- *für jedeN einen gelben Papierstern, dazu Stifte und Klebestreifen oder Sicherheitsnadeln*

Hinweis

Das blaue Tuch, der »Nachthimmel«, ist so hinter der Tür aufgespannt, daß man durch die Tür hindurchgehen muß, um die Sterne an den Himmel zu heften.

E: Mt 7,7-11

Einzug GL 826 *»Macht weit die Pforten in der Welt«*

Einführung

Schon den ganzen Advent hindurch steht die Tür offen. Wir sind jedenfalls nicht wie die Schildbürger, die bei ihren Häusern Fenster und Türen vergessen haben und sich wundern, warum es drinnen nicht hell wird. Bei Tag ist das auch kein Problem: das Licht von draußen fällt herein. Nachts sieht es schon ein bißchen anders aus. Ohne Glühbirnen oder Kerzen ist unser Leben gar nicht mehr vorstellbar. Wir Menschen haben uns etwas einfallen lassen, um die Nacht zum Tag zu machen. Und wenn wir genug davon haben, schalten wir das Licht eben wieder aus.

Die Bibel berichtet in der Weihnachtsbotschaft auch von der Nacht, die zum Tag wird, von Engeln und dem Stern von Betlehem. Noch ist nicht Weihnachtsnacht, und erst pünktlich am 23. werden die Tage wieder länger. Was ist nun dran an der Geschichte von der hellen Weihnachtsnacht? »Nacht« ist auch eines von vielen Sinnbildern. Umnachtet ist einer, der nicht mehr klar denken kann; Verdunkelung heißt, Tatsachen zu vertuschen; eine dunkle Gestalt ist einer, von dem niemand recht weiß, was er tut; und Nacht heißt Trauer, Angst, Einsamkeit. Die Nacht hat einen schlechten Beigeschmack. Hell wird sie erst, wenn Freundlichkeit die Blicke sich aufhellen läßt, wenn Licht in die Sache kommt, wenn man die dunkle Gestalt in einem anderen Licht sieht.

Wir treten heute durch die Tür hinaus zum dunklen Nachthimmel. Wir sind aufgefordert, sie zu erhellen mit unseren Sternen. Wir werden aber auch erfahren, daß mit Papiersternen noch nicht alles getan ist. Und wir hören von drei dunklen Königen und einer Handvoll Licht, in einer Geschichte von Wolfgang Borchert: (T 4)

Der Sprecher sitzt wieder neben der Tür.
Bei dem Stichwort »eine Handvoll Licht« (durch Fettdruck gekennzeichnet) geht ein Licht an, das durch das blaue Tuch scheint.

Kyrielied Eff 9 ***»Kyrie« (Kanon)***

Tagesgebet

Guter Gott. Du hast deinen Sohn gesandt als das Licht der Welt. Er hat Licht in viele Dunkelheiten der Menschen gebracht. Wir dürfen uns freuen, daß dieses Licht auch uns angeht. Hilf uns, Licht und Freude zu teilen. Wenn wir selbst Licht brauchen, dann schenke uns Menschen, die mit uns teilen. Teile du dich uns mit, du, das Licht der Welt. Darum bitten wir durch Christus, unsern Herrn. Amen.

Evangelium

Antwortgesang GL 110 ***»Wachet auf, ruft uns die Stimme«***

Fürbitten

Zunächst ist jetzt Zeit in Stille, um Wünsche, Bitten, Anliegen im Blick auf das nahe Weihnachtsfest auf die Sterne zu schreiben.
Danach tritt jeder durch die offene Tür in die Weihnachtsnacht und erhellt sie mit seinem Stern. Wer will, kann seine Bitte im Hinausgehen vorlesen und alle daran teilhaben lassen.

Wenn alle Sterne am Himmel stehen:
Guter Gott. Wir Menschen wünschen uns etwas, wenn wir Sternschnuppen sehen. Unsere Bitten sind Sterne, die nicht fallen. Für einen oder mehrere Menschen, die uns nahestehen, sollen sie Licht bringen und ihre Nacht erhellen. Auch für uns sollen sie strahlen. Lies die Bitten auf unserem Sternenhimmel und in unseren Herzen. Schenke uns deine Nähe, damit die Bitten Erfüllung finden.

Offertorium GL 120/3 »***Ihr Himmel, tauet den Gerechten***«

Gabengebet

Guter Gott. Die dunklen Könige brachten Geschenke in eine trostlose Nacht. Sie stehen uns sehr nahe. Wir selber können Geschenk sein, einfach nur, indem wir da sind. Hilf uns, indem auch du Geschenk wirst in Brot und Wein und im Kind von Betlehem. Darum bitten wir durch Christus, unsern Herrn. Amen.

Sanctus GL 491 »***Heilig… Herr, Gott der Mächte***«
Agnus Dei Eff 71 »***Meinen Frieden gebe ich euch***«
Kommuniondank Eff 110 »***Jesus ist geboren***«

Schlußgebet

Guter Gott. Was wir empfangen haben, beschenkt uns reich. Du entzündest in uns ein Licht, das nicht nur an Weihnachten, bei der Bescherung, leuchtet. Geh mit uns hinein und hinaus durch die vielen Türen in unserem Leben, und sei uns ein Stern, der draußen wie drinnen die Nächte hell macht. Darum bitten wir durch Christus, unsern Herrn. Amen.

Der Bruder des Petrus

Apostel Andreas

Vorbereitung

- *Einüben der Pantomime*
- *einen Tisch vor dem Altar / den Altarstufen*

Hinweis

Der Apostel Petrus symbolisiert die katholische Kirche bzw. das westliche Christentum. Sein leiblicher Bruder Andreas ist als Patron von Byzanz und Rußland ein Symbol für die Orthodoxie und das östliche Christentum. Der Schaden der Trennung wird besonders sichtbar, wenn die Blutsverwandtschaft aufgezeigt wird. Zugleich erhält die Kirchengeschichte eine Entsprechung in der menschlichen Entwicklung.

L: Hans Bender: Gemeinsam (T 5)
E: Mt 4,18-22

Einzug Orgel

Einführung *Zunächst mit einer textbegleiteten Pantomime:*
Mitten in unserer Gemeinde gibt es zwei Brüder, Peter und Andreas. Sie kennen sich gut, sie verbringen die Tage immer gemeinsam. Sie gehen denselben Weg, sie wachsen miteinander und aneinander. Ganz von selbst gehen sie im gleichen Schritt.

Das könnte ewig so bleiben. Doch Peter möchte gern der Ältere und Größere sein. Zuerst legt er die Hand noch ganz freundschaftlich auf die Schulter seines Bruders. Sie kommen bald an einen Punkt, wo sie sich entscheiden müssen, in welche Richtung sie weitergehen wollen. Hier merken die Brüder: Sie sind schon zu lange zusammengewesen – jeder von ihnen schlägt eine andere Richtung vor. Und so kommt es, daß Peters Hand auf der Schulter des Andreas nicht mehr freundschaftlich liegt, sondern bestimmend und vereinnahmend.

Der Bruder windet sich aus der Umarmung. Die angebotene Hand schlägt er aus. Wütend und enttäuscht gehen sie getrennte Wege. Verschlossen stehen sie sich an die Wände gelehnt gegenüber.

Der Leiter/die Leiterin erklärt das Spiel:
Nicht immer geht es ohne Wunden ab, wenn Brüder erwachsen werden und unterschiedliche Wege gehen. Da bricht auch für Eltern manchmal eine Welt zusammen.

Im Jahre 1054 ist auch so eine Welt zusammengebrochen. Die katholische und die orthodoxe Kirche, die bisher wie Brüder zusammengehört haben – mit allen Höhen und Tiefen –, haben die Unterschiede ihrer Kulturen und Lehren nicht mehr ertragen. Wütend darüber haben sie einander mit dem Bann belegt – aus der Gemeinschaft der Kirche ausgestoßen. Dieser Bann ist zwar heute aufgehoben, aber die Trennung besteht fort.

Das Fest des Apostels Andreas gibt uns Anlaß, über diese Trennung nachzudenken – denn Andreas ist der Patron der orthodoxen Christen und der Bruder des ersten »Papstes«, des Simon Petrus.

Kyrie *in Kurzform gesprochen*

Gloria GL 457 ***»Allein Gott in der Höh«***

Tagesgebet
Guter Gott. Du weißt, daß wir Menschen mit uns selbst und unseren Mitmenschen nicht immer ganz zurechtkommen. Du siehst die Konflikte zwischen Gemeinschaft und Selbständigkeit in jedem Einzelnen und bei den Völkern. Du hast uns nicht in die Welt gestellt, damit wir daran scheitern, uns bekriegen und krank werden. Du willst, daß wir unser Gleichgewicht finden zwischen den Extremen. Zeig uns am Beispiel der Berufung von Petrus und Andreas, daß du beide Teile willst, denn sie gehören zusammen. Verhilf nicht dem Stärkeren zum Leben, sondern dem, der den Anderen als seine Stütze akzeptiert. Darum bitten wir durch Christus, unsern Herrn. Amen.

Evangelium
Antwortgesang GL 521 ***»Herr, gib uns Mut zum Hören«***

Lesung

Die Lesung, ein Gedicht von Hans Bender, heißt »Gemeinsam«. Es ist nicht nur das Gemeinsam zweier liebender Menschen, sondern soll auch unser Wunsch sein für die beiden getrennten Brüder der christlichen Kirche, hat Jesus doch beide als erste Jünger berufen. (T 5)

Fürbitten

Guter Gott. Die Berufung von Andreas und Petrus war der Anfang einer langen Geschichte. Im Evangelium spricht Jesus auch uns an. Wir wollen an die Stelle der Apostel treten und dich bitten:

1. Du sagst: »Kommt her, folgt mir nach!« Ich will dir folgen und meinen Bruder mitnehmen. Doch wir haben einen Begleiter, der heißt Neid. Hilf uns, ihn abzuschütteln, damit wir dir wirklich folgen können und nicht ständig darauf achten, ob der Bruder etwas besser macht als der andere.
2. Du sagst: »Ich will euch zu Menschenfischern machen.« Ich will dir vertrauen und auch meinen Bruder davon überzeugen. Doch wir haben einen Begleiter, der heißt Konsum. Hilf uns, ihn abzuschütteln, damit wir uns gemeinsam um Menschen kümmern können und damit nicht jeder um seinen Wohlstand besorgt ist.
3. Du hast mich gesehen und angesprochen, aber nicht mich allein, auch meinen Bruder. Wir sind *eine* Familie. Doch wir haben einen Begleiter, der heißt Streit. Hilf uns, ihn abzuschütteln, damit Brüder wieder zusammenkommen, Kirchen ihre Spaltung aufgeben und Völker den Frieden finden.

Stille bis zur Gabenbereitung

Offertorium Eff 31 »***Nimm, o Herr, die Gaben, die wir bringen***«

Gabengebet

Guter Gott. Du öffnest dein Ohr und hörst, was wir sagen. Wir vertrauen darauf, daß du für uns da bist. Deshalb bereiten wir Brot und Wein vor. Laß uns gemeinsam essen und trinken und komm in Brot und Wein selbst zu uns als der Vater, der uns liebt und zusammenhält. Führe in diesem Zeichen auch die getrennten Kirchen zusammen, damit sie das Brot miteinander teilen und aus demselben Kelch trinken. Darum bitten wir durch Christus, unsern Herrn. Amen.

Sanctus GL 890 ***»Heilig… ist der Herr, Gott Sabaoth«***
Agnus Dei gesprochen

Die purifizierten Gefäße werden auf einem Tisch vor den Altarstufen abgestellt.

Kommuniondank Eff 66 ***»Jeder knüpft am eignen Netz«***

Nach dem Lied folgt das Ende des Pantomimespiels:
Die Brüder nehmen Haltung und Ort ein, die sie am Ende des ersten Teils innehatten.
Der Sprecher begleitet die Pantomime durch folgenden Text:
Der Ruf Jesu steht noch im Raum. Tut dies zu meinem Gedächtnis.

Die Brüder stehen noch wie am Anfang. Scheinbar ungerührt und unversöhnlich. Die lange Zeit aber hat sie schwach gemacht: hungrig und durstig nach Brot und Liebe. Sie fühlen sich allein und alleingelassen. Kälte beschleicht sie. So hat es nicht kommen sollen.

Was wäre, wenn sie sich auf den Weg machen, wenigstens bis zum Kelch und der Schale? Sie zögern noch, ehe sie die letzten Schritte aufeinander zugehen. Nur schwer gelingt es ihnen, einander in die Augen zu sehen.

Sie kommen aus verschiedenen Welten wieder zusammen. Eine spannende Geschichte liegt hinter jedem von ihnen. Schaffen sie es, sich die Hände zu reichen?
(Mit den Spielern könnte vorab diskutiert werden, ob diese letzte Geste ausgeführt wird oder nicht – Gründe zu Für und Wider sind auch für die GottesdienstteilnehmerInnen interessant.)

Schlußgebet

Guter Gott. Nicht jede kaputte Beziehung hat einen guten Ausgang. Wir dürfen uns nichts vormachen. Du bist uns manchmal der Gott einer heilen Welt, eines Ideals, das es so nicht gibt. Schenke uns deine Nähe, sprich uns an, wenn wir mit uns und dem Bruder und der Welt nicht mehr zurechtkommen. Mache uns zu Menschenfischern, die zuerst sich selber fangen und dann auf den Bruder zugehen können. Darum bitten wir durch Christus, unsern Herrn. Amen.

Blumen im Winter

Wortgottesdienst zum Fest der heiligen Barbara

Vorbereitung

- *Kirsch- oder andere Obstbaumzweige in großer Bodenvase, behängt mit weißen Tuchstreifen (»Schnee«).*
- *Um die Vase ist berührungsfrei ein kreisrunder Maschendrahtzaun gestellt. Ein Eimer Tapetenkleister steht bereit, dazu Pinsel (und warmes Wasser für die später klebrigen Hände). Auf eine abwaschbare Unterlage sollte man achten.*
- *Über einige Zeit hinweg wurden Zeitungsausschnitte gesammelt, die über die Arten »Schnee« berichten, die im Kyrie angesprochen werden. Es sollte bewußt graue Zeitung sein, nicht farbenfrohes Zeitschriftenmaterial – des optischen Eindrucks wegen (»Matsch«). Sie bedecken den Boden um Vase und Zaun.*
- *JedeR TeilnehmerIn hat eine rote Papierrose erhalten.*
- *Dazu noch (zunächst versteckt) eine frische rote Rose.*

Hinweis

Die Barabarazweig-Installation, die während des Gottesdienstes entsteht, sollte bis Weihnachten im Klassenzimmer/Gruppenraum/in der Kirche aufgestellt bleiben. Dazu könnte als Erklärung für Besucher (v.a. in einer Kirche) eine Karte mit dem Text der Einführung gelegt werden.

L: Zeitungsausschnitte

E: Lk 13,6-9

Eingangslied Eff 213 ***»In der Mitte der Nacht«***

Einführung

Aussichtslos. Da blüht kein Leben mehr. Auf den ersten Blick. Tiefster Winter heute, am Tag der heiligen Barbara.

Die heilige Barbara, an die wir mit dieser Feier denken, ist, wenn man der Legende glauben darf, um das Jahr 306 hingerichtet worden. Nicht von ungefähr ist das Fest der Heiligen mit diesen Zweigen hier verbunden, die pünktlich zum Weihnachtsfest austreiben werden. Die Zweige sagen uns dann: Jetzt ist es vorbei mit dem Winter, die Sonnenwende kündigt den Frühling an.

Noch hält eine Schneedecke alles unter winterlichem Weiß begraben.

Aber: Auch wo kein Schnee zu sehen ist, kann Winter herrschen. Es gibt auch einen Winter der Zivilisation – ihn wollen wir jetzt im Kyrie bedenken.

Kyrie

Die SprecherInnen nehmen je ein Stück »Schnee« von den Zweigen – darauf steht der Text geschrieben; anschließend wird jedes Stück wieder an seinen Platz zurückgehängt.

1. Dieser Schnee heißt Chemie. Da, wo flächendeckende Chemie ein Stück Tierwelt unter sich begraben hat, herrscht tiefster Winter. Alles ist tot. Wann kommt der Frühling? Wann wachen wir auf? Herr, erbarme dich.
2. Dieser Schnee heißt Strahlung. Da, wo ein radioaktiver Strahlenteppich die Menschen schädigt, herrscht tiefster Winter. Ein Menschenleben zählt so wenig. Wann kommt der Frühling? Wann steigen wir aus? Christus, erbarme dich.
3. Dieser Schnee heißt Gewalt. Da, wo flächendeckende Gewalt ganze Ortschaften und Stadtteile einschüchtert, herrscht tiefster Winter. Jede Lebensfreude wird von Angst und Mißtrauen zugeschüttet. Wann kommt der Frühling? Wann stehen wir auf? Herr, erbarme dich.

Gott erbarme sich unseres Winters, er sende uns die nötige Kraft und weise uns den Weg in einen neuen Frühling. Amen.

Tagesgebet

Guter Gott. Du hast der heiligen Barbara die Kraft gegeben, gegen alle Widerstände der eigenen Familie und der antichristlichen Zeit als Christin zu leben und für den Glauben zu sterben. Sie hat mit ihrem Einsatz nach dem Vorbild deines Sohnes die harte Schneedecke menschlicher Härte aufgebrochen. So hat sie mitgeholfen, daß das

Abendland einem christlichen Frühling entgegenging. Mach uns heutige Christen bereit, genauso zu handeln, damit nicht verlorengeht, was die frühen Märtyrer mit ihrem Blut teuer erkauft haben. Darum bitten wir durch Christus, unsern Herrn. Amen.

Lesung

Die Zeitungsausschnitte:

Unser Handlungsbedarf ist groß. Das beweisen die vielen Zeitungsartikel der letzten Zeit. Viel wurde geschrieben über Verschmutzung und Verstrahlung, über rechte Gewalt und Gewalt in den Familien. Wir wollen darin lesen, um uns zu vergegenwärtigen, in welcher Umgebung wir leben. Wir wühlen im Schneematsch unseres kulturellen Winters.

Einige Ausschnitte werden vorgetragen; verschiedene SprecherInnen.

Es folgt eine meditative Gruppenarbeit:

Die Legende erzählt, Barbara sei von ihrem Vater in einen Turm gesperrt worden, damit sie nie mehr nach christlicher Einstellung handeln und wirken könne. Ein Elfenbeinturm sollte es werden, wo Barbara der heidnischen Umwelt nicht gefährlich werden konnte.

So einen Turm wollen wir uns vor Augen stellen. Es kann auch uns passieren, daß wir uns von Versprechungen und Drohungen, mehr noch vom eigenen Kleinglauben oder der eigenen Interesselosigkeit vom Geschehen der Zeit ausklammern lassen. Daß wir tatenlos wegschauen. Bauen wir den Turm gemeinsam: Hier liegen die Zeitungsausschnitte. Sie sollen unsere Wände werden. Und hier ist Kleister, unser Mörtel.

Der Turm entsteht auf dem Maschendrahtzaun, dazu:

Meditationsmusik: Tschaikowsky, Sinfonie Nr. 1 »Winterträume«, 2. Satz (im Hintergrund einlegen, solange gearbeitet wird)

z.B.: Peter Tschaikowsky: 6 Symphonies; Deutsche Grammophon Gesellschaft: 449967-2 (Russian National Orchestra / Mikhail Pletnev)

Wenn die Zeitung komplett verbaut ist und alle Hände wieder sauber sind:

So sieht sie aus, unsere Welt: Aussichtslos. Da blüht kein Leben mehr. Auf den ersten Blick. Tiefster Winter heute, am Tag der heiligen Barbara.

Doch inmitten unserer Schneedecke, unseres wintergrauen Turmes, der uns gefangennimmt, wollen wir ein Wort hören. Ein Wort aus scheinbar anderer Welt. Das Wort Gottes:

Evangelium

Fürbitten

Der Gärtner hat Geduld. Wir brauchen auch Geduld. Unser Baum steht im Wasser und im Warmen. Zwar ist er bedeckt und umstellt. Aber seine Zweige arbeiten schon, bilden schon Knospen aus. Bis Weihnachten vielleicht hat er's geschafft. Wir wissen nicht, wie er aussehen wird, nicht einmal, ob er unsere Erwartungen erfüllt. Die Zweige – sie sind ein Sinnbild für uns selbst. Wir dürfen erwarten, daß aus uns etwas wird, daß aus uns aufrechte, blühende Bäume werden. Wir können daran schon einmal arbeiten, unsere Ziele stecken. Und wir tun dies vor dem Angesicht Gottes, der mit uns die Geduld eines Weingärtners hat. Jeder kann seine Rose an den Baum heften, schweigend oder so, daß er seine Bitte ausspricht.

Zum Abschluß:
Guter Gott. Du möchtest bei uns sein und uns bestärken. Du wirkst meistens unsichtbar in unserem Inneren, in Gefühlen und Wünschen, in Gedanken und Taten. Nimm unsere Rosen an als Zeichen, daß wir es ehrlich meinen mit unserem Leben. Kein Schnee soll uns hindern, kein Turm einengen. Darum bitten wir durch Christus, unsern Herrn. Amen.

Lied ***»Maria durch ein' Dornwald ging«*** *(in verschiedenen Volks- und Weihnachtsliederbüchern zu finden)*

Vaterunser (T 6)

Friedensgruß *mit der frischen roten Rose*
Auch im tiefsten Winter blühen Blumen. Die Natur läßt sich nicht unterkriegen; und wir Menschen finden Wege, den Winter zu umgehen. Wenn wir uns nun den Frieden wünschen, sollen wir uns dazu ein Stück Frühling wünschen.

Die Rose wandert von einem zum andern: Der Friede sei mit dir.
Sie kann anschließend zu den Zweigen in die Vase gesteckt werden.

Schlußgebet

Guter Gott. Am Tag der heiligen Barbara stehen wir vor Winter und Schnee, vor belastenden Nachrichten und einem Turm voller Sorgen. Wir stehen auch vor verschlossenen Knospen, die aufspringen wollen, vor den Rosen, die unsere Ziele anzeigen, und vor der Rose, die mitten im Winter für den Frühling steht. Laß uns, wenn wir jetzt gehen, beides mitnehmen. Schenke uns die Kraft und den Mut, Schnee zu räumen, Türme zu beseitigen und dabei auf unsere Rosen zu vertrauen. Darum bitten wir durch Christus, unsern Herrn. Amen.

Lieber, guter Nikolaus

Vorbereitung

- *Komplettes Nikolaus-Kostüm: Albe, Rauchmantel, Mitra, Bart, (Stab, Buch)*
- *Schaufensterpuppe*
- *Ankleidespiegel*
- *Schlitten*
- *größerer Geschenkkarton*
- *Sack und Rute*
- *drei vergoldete Styroporkugeln, in je zwei Hälften auseinander zunehmen (gibt's unvergoldet im Bastelgeschäft)*
- *die Füllungen zweier Kugeln:*
  - *das Evangelium, auf eine Papierrolle geschrieben*
  - *Papierherz, grünes Blatt, Blüte*

Hinweis

Der Part des Nikolaus' verlangt einen schauspielbegabten Jugendlichen, der sicher genug ist, um neben seinem Spiel auch liturgisch tätig zu sein. Teil dieses Gottesdienstes könnte eine »Aussendung« der Nikolause sein, die an den nächsten Tagen die Häuser der Gemeinde besuchen.

L: *Spiel:* Die richtigen Klamotten
E: Mt 7,7-12

Eingangslied Eff 101 ***»Mache dich auf und werde licht« (Kanon)***

Einführung

Das Nikolauskostüm ist der Schaufensterpuppe angelegt, die gut sichtbar vorne steht. Daneben steht der Ankleidespiegel.

Es ist wieder soweit: Von drauß' vom Walde kommt er her, der liebe, gute Nikolaus. Sie haben vielleicht wieder einen bestellt, für die Kinder zu Hause, mit einem Krampus im Gefolge. Heutzutage teilen sich die Nikoläuse ihr Gebiet auf, sie sind nicht wenig im Zeitdruck, sie haben manchmal ein paar Probleme mit der Verkleidung und dem Stimme-Verstellen – und schaffen es trotzdem, die Kinder maßlos zu beeindrucken. Für die Eltern ist die Figur eine Frage der Konvention und des Geldbeutels.

Der alljährliche Nikolaus ist ganz gut als Moralapostel, als Erziehungsmittel für »böse Buben«. Und sonst? Ja, der Sack voller Geschenke: Apfel, Nuß und Mandelkern, oder besser: Discman, Supernintendo-Spiel und Playstation. Das »kleine Weihnachten« eben. Aber nur *dazu* kann man sich den Aufwand sparen. So ist unser Nikolaus ein bißchen leer. Inhaltslos. Leblos, wie durch die bekleidete Puppe dargestellt. Wir wollen sehen, ob die Figur nicht mit neuem Leben erfüllt werden kann – und machen gleich mal den ersten Versuch:

Kyrie

1. Ich weiß, daß der Nikolaus mit einem Schlitten unterwegs ist. Deshalb bringe ich einen Schlitten. *(hinstellen, einen Moment warten)* Aber er bewegt sich nicht. Unser Nikolaus will nicht kommen. Vielleicht habe ich ganz falsche Vorstellungen, und der Nikolaus kommt ganz anders als ich denke? Herr, erbarme dich.
2. Ich weiß, daß der Nikolaus viele Geschenke mitbringt. Deshalb habe ich einen großen Karton dabei, damit die Geschenke alle Platz haben. *(hinstellen, einen Moment warten)* Aber der Karton füllt sich nicht. Unser Nikolaus will mir nichts bringen. Vielleicht habe ich zu viele und ganz unnütze Wünsche, und der Nikolaus macht ganz andere Geschenke? Christus, erbarme dich.
3. Ich weiß, daß der Nikolaus immer einen Krampus dabei hat. Deshalb habe ich hier Sack und Rute. *(an die Puppe anlehnen, einen Moment warten)* Aber er nimmt die Sachen nicht an. Unser Nikolaus will keinen Krampus dabei haben. Vielleicht habe ich nur Angst, und der Nikolaus hat was ganz anderes vor? Herr, erbarme dich.

Der Herr erbarme sich unserer Vorstellungen und Märchen, unserer Geschichten und Ängste und zeige uns, daß er durch seine Heiligen Gutes tun will.

Tagesgebet

s. Meßbuch, heiliger Nikolaus.

Einen Versuch hatten wir schon, den Nikolaus mit Leben zu erfüllen. Der ist fehlgeschlagen. Geben wir uns eine zweite Chance. Lassen wir uns entführen in einen Laden, der sich auf Nikolaus-Gewänder spezialisiert hat und nun auf Kundschaft wartet.

Die richtigen Klamotten

Der Nikolaus, die Verkäuferin; beide befinden sich zuerst am Priestersitz.

N Grüß Gott.

V Grüß Gott. Was darf's denn sein?

N Ich bin heute als Nikolaus bestellt bei den Nachbarn. Ich suche die richtigen Klamotten.

V Na, dann schaun wir mal. … *Sie geht mit dem Kunden zur Puppe.* Wär das was für Sie?

N Ja, das wär was für mich. Paß' ich da rein?

V Erzählen Sie mir was von sich, dann werden wir schon sehen.

Lange Pause, dann etwas vorsichtig:

N Also, ich bin 16, am liebsten mag ich Hamburger mit Cola, und am Nachmittag Inline-Skaten, am Abend vor dem Computer sitzen… bin in der Schule, na ja, so mittelmäßig halt, … wozu wollen Sie das eigentlich wissen?

V Nikoläuse interessieren mich. Ich kenne schon viele. Zu manchen paßt mein Kostüm, zu anderen wieder nicht, dann sind das keine richtigen Nikoläuse. Also, erzählen Sie weiter.

N Normalerweise bin ich ziemlich schüchtern, trotzdem hab ich eine Freundin. Eigentlich sollte ich lieber Bewerbungen schreiben. Meine Mutter sagt, sonst wirst du so wie dein Vater – der war auch lange arbeitslos, dann hat er meine Mutter geschlagen. Vor einem Jahr sind wir ausgezogen. Aber wissen Sie, das mit den Bewerbungen ist nicht so einfach. Ich bin ja irgendwie ziemlich schüchtern… nicht mit Freunden und so, da bin ich der Chef, aber… beim Bewerbungsgespräch… da will ich gar nicht hingehn, da zittern mir die Knie und sowas…

V *nimmt die Albe vom Ständer.* Da, probier das mal, das wird dir helfen. *N probiert, sieht an sich hinunter.* Deine Beine sind ganz gut versteckt, findest du nicht?

N Da kann ich drunter zittern wie ich will, und keiner merkt's – echt cool. Da sieht man gar nicht, daß ich aufgeregt bin. Das laß ich an, das paßt mir.

V *nimmt auch den Rauchmantel und hängt ihn N um.* Und wie ist es damit?

N Schwer... Brokat, oder? Ziemlich wertvoll. Hoffentlich geht da nichts kaputt. Nee, das zieh ich wieder aus...

V Nicht so schnell, junger Mann. Ich denke, das kostbare Gewand steht dir gut. Es sagt ja auch was über dich.

N *sarkastisch* bin ich vielleicht auch kostbar, oder was?

V Aber was wert. Du bist was wert. Du bist wertvoll.

N Ich bin wertvoll? Das hat noch keiner zu mir gesagt. *Pause* Also, na dann, laß ich das auch mal an, wenn's zu mir paßt...

V Aber sicher... Und hier der krönende Abschluß... *nimmt die Mitra, setzt sie N auf.*

N Macht mich einen Kopf größer... Mensch, da komm ich auch mal groß raus, nicht immer nur die andern.

V Und hier noch – den Bart.

N Den nehm ich nicht. Ich sehe so gut aus, daß ich mich hinter dem Bart nicht verstecken muß. Die Nachbarn werden mich sowieso nicht wiedererkennen. Ich habe mich bei Ihnen hier ganz schön verändert, glaub ich. Ich kann da gut hingehen, ich habe denen was zu sagen.

V Und was zu geben. Wir dürfen das Wichtigste nicht vergessen...

N ...die Geschenke!

V *verschwindet kurz in der Sakristei, kommt wieder mit den drei goldenen Kugeln. Gibt sie N.*

N Drei goldene Kugeln, die Zeichen des heiligen Nikolaus. Die nehme ich gern.

tritt an den Ambo. Drei Geschenke habe ich zu verschenken. Drei Geschenke, von denen ihr noch nicht einmal träumen könnt. Hier ist das erste Geschenk, das der heilige Nikolaus seiner Gemeinde bringt: *Er öffnet die erste Kugel.* Das Wort Gottes.

Er überreicht die Kugelhälften dem Priester, nimmt während Evangelium und Predigt den Priestersitz ein.

Evangelium

Fürbitten

Guter Gott. Du hast uns reich beschenkt mit deinem Wort. Du suchst Menschen, die es vor allen verkünden, durch Wort und Tat. Wir wollen zu dir kommen mit unseren tiefsten Wünschen:

Sprecher ist der Nikolaus. Er öffnet jetzt die zweite Kugel: Papierherz, grünes Blatt, Blüte

1. Das zweite Geschenk hat drei Teile. Der erste Teil ist dieses Herz. Gott, du hast uns ein Herz geschenkt. Wir bitten dich: Laß es weit offen stehen, damit wir einander wahrnehmen können. Laß uns dieses Herz weiterschenken.
2. Der zweite Teil ist dieses Blatt. Gott, du hast uns geschenkt, daß wir menschlich reifen und weiterkommen können. Wir bitten dich: Sende uns Menschen mit einem offenen Herzen, die uns bestärken und fördern. Laß uns alle Bestärkung, die wir erfahren, auch an andere weiterschenken.
3. Der dritte Teil ist diese Blüte. Gott, du hast uns Interessen und Fähigkeiten geschenkt. Wir bitten dich: Behüte uns in manchem Winter voller Gefühlskälte, daß wir nicht nur wachsen, sondern auch aufblühen können. Laß uns Interessen und Fähigkeiten zum Nutzen unserer Umgebung weiterschenken.

Die Gegenstände nebst Kugelhälften wandern auf den Altar!

Wir haben unsere Bitten vor dich gebracht, im Vertrauen, daß du sie erhörst. Wir haben mit unseren Bitten an deine Tür geklopft, im Vertrauen, daß du uns öffnest, daß du uns einläßt, daß du unter uns ein Stück deines Reiches wahr werden läßt. Darum bitten wir durch Christus, unsern Herrn. Amen.

Während im folgenden der Priester am Altar steht, nimmt der Nikolaus wieder dessen Sitz ein.

Offertorium GL 468 ***»O Gott, nimm an die Gaben«***

Gabengebet

Guter Gott. In jedem Gottesdienst feiern wir ein Fest des Schenkens. Du schenkst dich uns in Wort und Sakrament. Erfülle uns mit deiner Gegenwart, dem wertvollsten und unglaublichsten Geschenk, das die Welt je gesehen hat. Darum bitten wir durch Christus, unsern Herrn. Amen.

Sanctus GL 469 »*Heilig ist Gott in Herrlichkeit*«

Nach dem Hochgebet

Der Nikolaus tritt zur Schlußdoxologie mit an den Altar und erhebt den Kelch (als »schenkender Heiliger« vollzieht er einen diakonischen Dienst!).
Den Friedensgruß teilt er mit dem Priester an die ganze Gemeinde aus (an jeden Ersten pro Bank durch den Mittelgang).
Bevor beide kommunizieren, öffnet der Nikolaus die dritte Kugel und stellt je eine Hostienschale in die Hälften. Seine Worte dazu:
Es ist Zeit geworden für das letzte Geschenk. Es ist das wertvollste von allen. Gott schenkt sich selbst. Auch wir dürfen davon nehmen und essen, es ist sein Leib.
Der Kommunionvers kann entfallen.

Agnus Dei GL 470 »***O Lamm Gottes unschuldig***«
Kommuniondank Eff 82 »***Du bist das Licht, halleluja***«

Schlußgebet

Guter Gott. Beschenkt mit deinen guten Gaben gehen wir nun. Die drei goldenen Kugeln des Nikolaus begleiten uns: dein Wort im Evangelium, daß wir antworten und unsere Gedanken vor dich bringen können, und dein Sakrament in Brot und Wein. Dies alles hat Bischof Nikolaus damals seiner Gemeinde durch Leben und Taten nahegebracht. Laß es auch uns heute nahe sein. Darum bitten wir durch Christus, unsern Herrn. Amen.

Selbdritt, Selbviert, Selbfünft ...

Mariä Empfängnis

Vorbereitung

- *Figur oder Bild »Anna Selbdritt«*
- *zwei lange Wollschnüre: eine blaue, eine rote*
- *Büroklammern*
- *alle haben ein Paßfoto von sich mitgebracht*

Hinweis

Es ist ein schwieriges Unterfangen, jugendlichen Gottesdienstbesuchern das Unbefleckte an der Empfängnis der Maria nahezubringen. Hier ist ein anderer Zugang versucht: von der Mutter Anna ausgehend.
Gottes Menschwerdung bereitet sich langsam einen Weg. So ist das Fest nicht nur als neun Monate vor Mariä Geburt gelegen sinnvoll, sondern auch als im Advent gelegen. Das Thema der »unbefleckten Empfängnis«, der Freiheit von der Erbsünde, ist im Tagesgebet gestreift – eher in der Bedeutung, die Karl Rahner so formuliert: »Maria ist die in vollkommener Weise Erlöste.«
Als Kinder Gottes reihen wir uns alle in die Generationenfolge ein und dürfen auf solche Erlöstheit hoffen.

L: Eph 1,3-6.11-12
E: Mt 1,1-17;12,49-50 (in Ausschnitten;
verändert und erweitert)

Eingangslied Eff 241/1,2 *»Groß sein läßt meine Seele den Herrn«*

Einführung

Hier steht sie, die Anna Selbdritt. Selbdritt ist ein Familienname – glaubte ich wenigstens, als ich noch klein war. Ein so klangvoller Name, daß er sich vom Mittelalter bis heute gut erhalten konnte.

Außerdem: Alle Familiennamen haben sich aus alten Berufen oder Ortsnamen oder Eigenschaften von Personen entwickelt – so war meine frühe Deutung nicht ganz falsch.

Mit Familie Selbdritt beschäftigen wir uns heute, weil es nicht irgendeine Familie ist. Die Bezeichnung dieser Figur/dieses Bildes, »Anna Selbdritt«, leitet sich her von den dargestellten Personen: Anna selbst, mit Tochter und Enkelsohn zu dritt. Selb-Dritt also. Und das Geheimnis um jene Anna: Sie ist die Mutter der Maria, und der Enkelsohn ist kein anderer als Jesus, dessen Geburt wir in Kürze feiern. Auch Jesus hatte eine Oma.

So feiern wir heute eigentlich ein Anna-Fest, wenn wir Mariä Empfängnis feiern, neun Monate vor Mariä Geburt. Wir freuen uns mit der Mutter, daß sie in hohem Alter noch empfängt. Und wir tasten uns langsam an die Tragweite dieser Botschaft heran.

Kyrie

unter Verwendung von Psalm 113,7-9

1. Du bist der Gott, der die Geringsten beachtet, die Menschen, die niedergedrückt sind und allen Glauben verloren haben. Herr, erbarme dich.
2. Du bist der Gott, der sie wie Fürsten erhebt und selbst bei ihnen einkehren will. Christus, erbarme dich.
3. Du bist der Gott, der die alte Frau, die keiner mehr begehrt, die Unfruchtbare, mit einem Kind glücklich macht. Herr, erbarme dich.

Gloria GL 476 ***»Dir Gott im Himmel Preis und Ehr«***

Tagesgebet

Guter Gott. Das Leben ist eine endlose Kette. Nur wer es empfangen hat, kann es weiterschenken. Es blüht auf und schwindet wieder und geht dabei von einem zum nächsten – wie das Licht einer Kerze sich weitergeben läßt. Auf wunderbare Weise hast du die unfruchtbare Anna beschenkt. So wurde die Zeit reif, daß dein Sohn sich in unsere Lebenskette einreihen konnte. Hilf uns annehmen, daß du an Maria, der Tochter der Anna, gezeigt hast, wie erlöst und wie frei von allem Bösen die Menschen sein können, die für ein Leben mit Christus geschaffen sind. Darum bitten wir durch Christus, unsern Herrn. Amen.

Lesung

Zwischengesang Eff 241/3,4

Aktionsteil

Die beiden Sprecher: Vergangenheit, biblische Ebene, blaue Schnur (B); Gegenwart, heutige Ebene, rote Schnur (R).

B Ich halte eine blaue Schnur in meiner Hand. Blau steht für kalt und fern, für vergangen und nichtssagend und für ein leises »Na und?«. Ich bin hier, weil ich auch heute noch etwas zu sagen habe.

R Ich habe die rote Schnur. Das ist die Gegenwart, das Hier und Heute. Ereignisse, die heiß diskutiert werden, Umstände, die uns direkt betreffen und nahegehen. Ich bin hier, weil es mich ohne die Vergangenheit nicht gäbe.

B Meine Schnur, die Ereignisse und Umstände längst vergangener Zeiten, verläuft geradewegs bis heute. Sie läuft auf dich zu. Und du kannst auf ihr zurückgehen bis damals, als auch sie noch rot war, heiß diskutiert wurde, alle direkt betraf und allen naheging.

Die Schnur wird abgelegt, von der »Anna Selbdritt« ausgehend bis in den Mittelgang hinein.

R Meine Schnur, das Hier und Heute, verläuft wie alle Geschichte der Menschheit. Was jetzt rot ist, wird einmal blau werden; was jetzt aktuell ist, wird einmal fern und nichtssagend sein. Und fast alles war schon einmal da. Es gibt nichts Neues unter der Sonne. So verläuft meine Schnur parallel zur anderen.

Sie wird parallel dazu abgelegt, in dem Abstand, daß die Paßfotos noch auf beiden Schnüren befestigt werden können.

B Jetzt werden wir sehen, wie die Vergangenheit mit der Gegenwart verbunden, …

R … wie die Gegenwart mit der Vergangenheit verkettet wird.

Die TeilnehmerInnen werden gebeten, nacheinander ihre Fotos an beiden Schnüren gleichzeitig festzuklammern.

Es ist eine Kette entstanden – wir alle sind ihre Glieder. Die Kette beginnt bei unserer Figur/unserem Bild: Die ersten Glieder sind Anna, Maria und Jesus. Die »Anna Selbdritt« aber ist erweitert um uns alle: Selbdritt, Selbviert, Selbfünft… Jesus hat uns im voraus dazu bestimmt, seine Kinder zu werden, in weit entfernter Vergangenheit. So ist das also unser Hier und Heute. Wir sind die nächsten Glieder dieser Kette. Und in diese Gegenwart hinein spricht ein Text aus dem Evangelium, so verändert, daß er Vergangenheit und Gegenwart in einem ist, wie unsere symbolische Kette es anzeigt.

Evangelium

Stammbaum Jesu Christi, des Sohnes Davids, des Sohnes Abrahams: Abraham war der Vater von Isaak, Isaak von Jakob, Jakob von Juda und seinen Brüdern. Von Abraham bis David waren es vierzehn Generationen: Isai war der Vater des Königs David. David war der Vater von Salomo. Von David bis zur babylonischen Gefangenschaft waren es vierzehn Generationen, und nach der babylonischen Gefangenschaft waren zwölf Generationen bis zu Joachim und Anna, den Eltern Marias, und bis zu Jakob, dem Vater Josephs, des Mannes der Maria. Von Maria wurde Jesus geboren, der der Christus genannt wird.

Und viele Generationen folgen bis zu *(hier werden die Namen der TeilnehmerInnen genannt, soweit möglich).*

Und Jesus streckt seine Hand über seine Jünger aus und sagt: Das hier sind meine Mutter und meine Brüder. Denn wer den Willen meines himmlischen Vaters erfüllt, der ist für mich Bruder und Schwester und Mutter.

Fürbitten

Guter Gott. Weil wir nicht Knechte und Sklaven sind, sondern deine Geschwister und Kinder deines himmlischen Vaters, bitten wir dich:

1. Maria war die Mutter deines Sohnes. So hat sie der Welt zum Heil verholfen. Geheiligt werde dein Name. Dein Reich komme, dein Wille geschehe, wie im Himmel so auf Erden.
2. Maria hat bis zuletzt ausgehalten, daß Jesus sich hingegeben und dadurch den Menschen geschenkt hat, was sie zum Leben dringend brauchten. Unser tägliches Brot gib uns heute.
3. Maria, so lehrt die Kirche, ist von Anna ohne Sünde empfangen worden. Du hast sie befreit von allem Bösen. Vergib uns unsere Schuld, damit auch wir vergeben unseren Schuldigern, und führe uns nicht in Versuchung, sondern erlöse uns von dem Bösen.

Denn dein ist das Reich und die Kraft und die Herrlichkeit in Ewigkeit. Amen.

Das Vaterunser kann dann entfallen.

Offertorium GL 480 »*Wir weihn der Erde Gaben*«

Gabengebet

Guter Gott. Vor dir sind die gewachsenen und verarbeiteten Gaben der Natur. Vor dir steht und liegt ein Stück unserer Geschichte mit dir. Wir bitten dich: Sei uns lebendig und nahe in dieser Eucharistiefeier, damit wir die Wahrheit deines Wortes leibhaftig spüren: daß du uns erwählt hast vor Anbeginn der Welt, deine Kinder zu werden. Darum bitten wir durch Christus, unsern Herrn. Amen.

Sanctus GL 481 »*Heilig… ist Gott, der Herr der Mächte*«
Agnus Dei GL 482 »*Christe, du Lamm Gottes*«
Kommuniondank Eff 241/5

Schlußgebet

s. Meßbuch

Eine Tür in den Advent

Vorbereitung

- *Eine Tür mit Rahmen (Theaterrequisit, Leihgabe einer Firma oder durch Umbau o.ä. entbehrlich geworden), aufgestellt mitten im Raum, ohne Hintergrundgestaltung*
- *ausreichend aufklappbare, als »Türen« gestaltete Karten; dazu Stifte.*
- *Weihnachtliche Musik auf CD*

Hinweis

Dieses Gebet diente als Einführung für die Gottesdienstreihe Advent (am Anfang des Buches). Das Symbol der Tür läßt sich aber auch gut eigenständig für diesen einen Anlaß einsetzen, muß also nicht wieder auftauchen.

Das Öffnen der Tür zu Beginn des Advent lädt ein, am Ende der Weihnachtszeit auch ein Schließen zu gestalten, selbst wenn in weiteren Gottesdiensten nicht mit der Tür gearbeitet wird. Die Tür könnte so zu einem Rahmen werden, der ohne viel Aufhebens den großen Bogen sogar bis Lichtmeß spannen hilft.

Einführung

Durch Türen gehen wir jeden Tag ein und aus. Man kann sie leise schließen oder zuknallen. Ihre Klinken und Schlüssellöcher sind uns vertraut – ohne sie gibt es kein Hinein- und kein Herauskommen. Sie begleiten uns täglich, trennen unsere Lebensbereiche voneinander ab. Sie tun das so selbstverständlich, daß wir sie oft nicht einmal bemerken.

Wir stehen an der Schwelle einer neuen Zeit. Vor uns liegt der Zeitraum von Advent und Weihnachten. Den wollen wir heuer ganz bewußt betreten. Wir wollen ihn uns eröffnen. Den Beginn macht dieses Gebet:

Gebet (T 7)

Aktionsteil

Die Tür wird geöffnet. Dazu weihnachtliche Musik im Hintergrund. Nach einem Moment der Wirkung:

Die Tür ist geöffnet, der Herr kann kommen.

Hinter der Tür sieht es vielleicht leer aus für manche. Kein Sternenhimmel, keine Geschenke, keine Krippe. Nichts als nur der Raum, der sonst in unserem Blick ist. Allein der Rahmen verändert ihn ein wenig.

In den kommenden Wochen werden wir erleben, was sich hinter dieser Tür alles verändern und abspielen wird. Für heute wollen wir unseren eigenen Wünschen, Träumen, Vorfreuden und Vorängsten Platz geben.

Die Karten und Stifte werden verteilt.

Ich lade euch ein, eure Gedanken zu sammeln. Beginnt mit: Wenn ich die Tür in den Advent öffne, sehe ich…, wünsche ich …, denke ich…

Wer etwas geschrieben hat, kann, wenn er mag, durch die geöffnete Tür in den Raum dahinter treten und an einer beliebigen Stelle seine kleine Tür ablegen.

Wenn alle wieder auf ihren Plätzen sind:

Die große Tür bezeichnet einen großen Zeitraum: den Advent, die Weihnachtszeit. Die vielen kleinen Türen sind Zeichen für eure ganz persönlichen Räume: Jeder erlebt den großen Zeitraum Advent ganz anders. Der Advent ist ein Haus mit vielen Zimmern. Eines gehört dir.

Vielleicht magst du das geschäftige Treiben, vielleicht eine besinnliche Zeit. Vielleicht schaust du wieder mehr auf dich, vielleicht gewinnst du den Blick für andere, die leicht außen vor sind. Vielleicht magst du deine kleine Tür an ihrem Platz lassen, zugänglich für alle, vielleicht magst du sie als kleinen Wegweiser für dich selber mitnehmen, dann kannst du sie im Anschluß holen. Vielleicht kannst du dir auch aus diesem Gedicht etwas mitnehmen für die kommende Zeit:

Abschlußgedicht (T 8 oder T 9) *mit anschließendem kurzem Segen*

oder: **Feierlicher Schlußsegen** *Meßbuch: »Im Advent«*

Die Rose von Jericho

Vorbereitung

- *Eine »Rose von Jericho«*
- *flache Schüssel oder Suppenteller für die »Rose«*
- *Wasserkocher*
- *verdorrte Blätter*
- *grüne Papier-Blätter*
- *brauner Karton-Baumstumpf mit Wurzelansätzen*
- *Stifte für alle, Klebstoff*

Hinweis

Die »Rose von Jericho« (Anastatica hierochuntica) ist »eine Pflanze der nordafrikanischen und südwestasiatischen Wüstengebiete, deren Äste sich zur Samenverbreitung beim Eintrocknen kugelartig aufkrümmen und in feuchter Luft wieder ausbreiten. Sie gilt daher als Symbol der Auferstehung.« (aus: Bertelsmann Discovery 1995)
Auch im Blick auf Weihnachten macht es Sinn, dieses Ostersymbol vorzustellen, hat es doch in der Jesaja-Perikope vom austreibenden Baumstumpf eine eindringliche Parallele.
Die »Rose« sollte nur einige Tage im Wasser liegen, da sie leicht zu faulen beginnt. Bevor sie erneut aufgegossen wird, sollten zwei Wochen Trockenzeit vergehen. Die Pflanze ist über Jahrzehnte hinweg ohne Wasserzufuhr haltbar.
Mögliche Bezugsadresse: Bärbel Waller, Eichendorffstr. 3, 50823 Köln

Meditation

Ideal ist ein Stuhl- oder Deckenkreis. In der Kreismitte liegen verdorrte Blätter, sonst nichts.

Ein Haufen verdorrter Blätter.
Reste vom Herbst.
Zeichen für den Winterschlaf der Natur.

Zeichen der Ruhezeit.
Zeichen für Ende, für Tod.
Gibt es das? Leben im Winter?

Hier ist noch etwas Verdorrtes, Totes:
Die »Rose« wird gezeigt und herumgegeben.

Ich habe sie aufgehoben, die kaputte Pflanze.
Seit Jahren liegt sie unberührt in meinem Schrank.
Es ist eine Pflanze, die auch im Land Jesu wächst. Man nennt sie »Rose von Jericho«.

Sie ist wie dieser Baumstumpf.
wird in die Mitte gelegt, die verdorrten Blätter können dabei seine Wurzelansätze bedecken
Der dritte Leblose neben den Blättern und der »Rose von Jericho«.
Der Baumstumpf steht abgesägt in der Landschaft, ist bald von Gras überwuchert.
Die »Rose« hat nicht einmal Wurzeln. Sie läßt sich vom Wind treiben und wandert ziellos in den Wüstenlandschaften umher.
So heimatlos ist sie.

Hören wir, was der Prophet Jesaja über den Baumstumpf sagt:

Lesung

Jes 11,1
Doch aus dem Baumstumpf Isais wächst ein Reis hervor, ein junger Trieb aus seinen Wurzeln bringt Frucht.

Aktion

Es ist eine große Hoffnung, von der Jesaja spricht.
Darum lohnt es auch, das heimatlose Wüstengewächs aufzuheben.
Die Hoffnung darf man nie aufgeben.

Wollen wir verfolgen, ob sich unsere Hoffnung erfüllen läßt.
Sie ist heiß, unsere Hoffnung, siedend heiß.

Die »Rose« wird in die Schüssel gelegt. Inzwischen sollte das Wasser aufgekocht sein. Heiß wird es über die Pflanze gegossen – kleinere Gaben mit einigem Abstand. (Je heißer das Wasser ist, desto schneller öffnet sich die Pflanze!)

Nach einigen Augenblicken werden die Blätter und Stifte ausgegeben.
Während die totgeglaubte Pflanze langsam aufgeht und neu zu leben beginnt, wollen wir unseren Hoffnungen Raum geben.
Hoffnung, was sich alles ändern könnte, bei mir und anderswo.
Hoffnung auf neue Lebenskraft, und wozu wir sie brauchen.

Die beschriebenen Blätter werden an den Baumstumpf geklebt, von einer Stelle ausgehend, sich verzweigend, größer und höher wachsend – wie der Reis bei Jesaja.
Dann kann noch ein Hinweis auf die »Fortschritte« der Wüstenpflanze erfolgen.

Schlußwort
nach Lk 21,30-31
Jesus spricht:
Sobald ihr merkt, daß die Bäume Blätter treiben, wißt ihr, daß der Sommer nahe ist. Genauso sollt ihr erkennen, wenn ihr die vielen Zeichen und Wunder seht, die ich wirke und verkünde, daß das Reich Gottes nahe ist.

Die »Rose von Jericho« könnte noch einige Tage für alle sichtbar aufgestellt werden. Der gestaltete Baumstumpf ist gut einsetzbar für den GebetsMoment »Der Festkreis schließt sich« (s. S. 131)

Kugeln für den Baum

Vorbereitung

- *Ein Körbchen mit Glaskugeln für alle TeilnehmerInnen*
- *Plaka- oder Fenstermalfarben, Pinsel, Wasserbehälter, Waschmöglichkeit für hinterher*
- *Christbaum oder Tannenzweig in geeigneter Größe*
- *Meditationsmusik*

Hinweis

Kugeln und Kerzen sind nicht nur Schmuckgegenstände. Nach psychoanalytischer Deutung (v.a. C. G. Jung) spiegeln beide Formen einen Archetypus wider: Kerzen sind neben Licht- und Lebenszeichen auch Zeichen der Männlichkeit. Weibliches Gegenstück sind die Kugeln – kunsthistorische Verwandte des Apfels, den Eva dem Adam reichte. Der »typische« Weihnachtsbaum ist auffallend einheitlich mit diesen beiden Elementen geschmückt.
Die sinnliche Erfahrung des Fühlens und Bemalens der Glaskugel wird in der folgenden Meditation vorsichtig und jugendgemäß mit dem Symbolgehalt der Kugel und seiner Bedeutung für das nahe Weihnachtsfest verknüpft.

Einstieg

Die TeilnehmerInnen sitzen möglichst auf dem Boden, haben Decken oder Meditationshocker. Die Malsachen sind für alle ohne viel Bewegung erreichbar.

- *Stillwerden, Sich-Sammeln:*

Du hast einen angenehmen Platz gefunden, eine bequeme Haltung eingenommen…
Nimm wahr, wie du jetzt da bist…
Was dir an Bildern kommt, aus dem Alltag, was dich gerade bewegt – laß die Bilder entstehen, halte sie nicht fest, laß sie weiterziehen…

Du spürst, wie dein Atem sich beruhigt... dein Körper schwer wird...
Schließe die Augen, wenn du möchtest...
Wenn du ganz angekommen bist, öffne sie wieder, sieh dich um...

- *Die Gegenstände (auch die Farben, Pinsel, Behälter...) werden einzeln benannt und still betrachtet.*

Vor dir siehst du...

Fühlen

Das Körbchen geht herum. Jeder nimmt sich eine Kugel.
Schließe wieder die Augen, spüre die Kugel in deinen Händen...
Vielleicht ist es das erste Mal, daß du eine Christbaumkugel so intensiv in die Hände nimmst...
Spüre, wie sie wärmer wird...
Ertaste für dich alle ihre Stellen: ihre Rundungen, ihren Aufhänger, ihre Gleichmäßigkeiten und Ungleichmäßigkeiten ...
Rund... das heißt: ohne Anfang und Ende... das heißt: ... wenn du möchtest, sprich aus, was das Rund, was die Kugel für *dich* heißt...

Anschließend setzt leise Musik ein.
Jeder fühlt anders. Das gilt auch für Weihnachten. Jeder empfindet Weihnachten anders.
Der Kern bleibt immer gleich:
Gott liebt uns.
Er kommt zu uns als Mensch, von Maria geboren.
Er macht sich klein.
Er wächst auf in einem Mutterleib.

Einladung, dieses Ereignis für sich selbst nachzuspüren in der Haltung »gefaltetes Blatt« – Ausgangshaltung Fersensitz (die Kugel kann abgelegt oder in einer Hand behalten werden):
Wenn du jetzt ausatmest, beuge deinen Oberkörper nach vorne, bis deine Stirn die Knie berührt. Bleibe in dieser Haltung. Du bist auch so noch ganz entspannt... Dein Atem geht ruhig und gleichmäßig...
Die Arme und Hände kannst du neben deinen Beinen und Füßen ablegen...
Du bist nun ganz klein...
Du bist selbst eine kleine Kugel...

Nimm die Dunkelheit wahr… spüre die Wärme deines Körpers… du bist geborgen…
Bleibe solange in dieser Haltung, wie es dir gut tut…
Wann immer du möchtest, richte dich langsam wieder auf… Atme ruhig ein, während du dich aufrichtest…
Wenn du möchtest, sprich aus, wie du dich in dieser Haltung erlebt hast…

Malen

Alles, was du jetzt erlebt und gespürt hast, darf einfließen in deine kleine Kugel.
Die Geborgenheit der Kugel begleitet uns noch. Es ist Advent. Wartezeit.
Die Geburt steht noch bevor. Die kalte Weihnachtsnacht.
Wir suchen sie immer wieder neu, diese Geborgenheit. Und manchmal finden wir sie wieder.

Die Farben können helfen, Erlebnisse, Gefühle, Bedürfnisse darzustellen. Die Kugel ist dein Zeichenblatt.
Sie wird deine ganz eigene Form, Weihnachten entgegenzusehen und an Geborgenheit zu erinnern.
Die Farben stehen dir zur Verfügung… für Flächen, Muster, Darstellungen… wie du möchtest.
Nimm dir Zeit, laß entstehen, was dir kommt.

Wenn du deine Arbeit beendet hast, kannst du am Baum/Zweig einen Platz für die Kugel suchen, wo sie bis Weihnachten hängen wird.

Abschluß

Möglichkeit 1: *Ein frei formuliertes Gebet:* »Gott, ich bitte dich um… / daß… / für…; Gott, ich danke dir für… / daß…«
Dann werden die TeilnehmerInnen gebeten, sich zu strecken, kräftig durchzuatmen, langsam aufzustehen und alle Glieder zu bewegen und auszuschütteln.
Möglichkeit 2: *Eine neutral gehaltene Reflexion:* Was hat dir gutgetan, dich gestört… *ein kurzer Satz reihum von jedem Teilnehmenden (»Blitzlicht«).*
Dann … (s.o.)

Mein Ort – mein Weg

Vorbereitung

- *In die Meditation einbezogen wird das gesamte Rauminventar, vom Kugelschreiber bis zum Blumentopf*
- *darüber hinaus Tücher, Naturmaterialien, Bauklötze etc. – alles, womit man gestalten kann*

Hinweis

Die Meditation eignet sich nicht für große Gruppen: höchstens 6 bis 8 Interessierte.
Den TeilnehmerInnen soll möglichst große Vielfalt angeboten werden. Der Aufwand ist dann groß, wenn kein Raum vorhanden ist, in dem bereits alles Notwendige deponiert ist (Meditationsraum). Unter Mithilfe aller TeilnehmerInnen ist aber auch das zu bewältigen.
Mit den Materialien werden sich die TeilnehmerInnen letztendlich selbst »zeigen«. Unbewußt nimmt jeder gestaltete Ort die Eigenschaften des Gestaltenden an. So können »Burgen« entstehen oder »Inseln«, üppig ausgestattete Präsentationen oder minimalistisch kreierte Schmuckstücke. Kunstwerke sind sie dabei allesamt.
Dies zu würdigen muß jede Leitung bereit sein, ebenso, alles zu dulden, was entstehen wird. LeiterInnen sollten am besten selbst mitmachen.
Eine aufmerksam geleitete und zeitlich gut bemessene Reflexionsrunde (ca. 30 Minuten) ist unerläßlich.

Einstieg

Die Materialien stehen übersichtlich an den Wänden. Der Raum soll insgesamt viel Platz bieten.
Alle stehen zunächst im Kreis.

- *Das Stillwerden und Beruhigen der Atmung kann eingeleitet werden wie bei der vorhergehenden Meditation (S. 52).*

- *Kreis- und Raumwahrnehmung*

Wir sind gekommen mit leeren Händen.
Wir haben uns eingelassen auf das Hiersein.
Wir haben uns eingelassen auf unseren gemeinsamen Kreis.
Wie am Anfang der Schöpfung ist der Raum noch leer.
Wir schauen uns um… wenn du möchtest, verlaß den Kreis und geh im leeren Raum umher, sieh in alle Ecken und Winkel.
Nimm wahr, was du dort vorfindest.
Nimm wahr, wer dir auf dem Weg begegnet, genieße vielleicht einen Blickkontakt, löse ihn wieder.

Wenn du genug gesehen hast, komm in den Kreis zurück. …
Der Kreis ist nicht mehr der von vorhin…

Gestaltungsphase

Unser Leben ist ein Weg.
Ein Ort zum Verweilen, ein Aufbruch zu Neuem, ein Geben und Nehmen, ein Ankommen am Ziel.
Nun folgen die Arbeitsanweisungen:

- Wir lösen den Kreis, jedeR sucht für sich einen Ort, einen Start, ein Ziel, ein Zuhause.
- Aus allen vorhandenen Dingen, aus allem, was du irgend finden und verwenden kannst, gestalte dir deinen Ort – so, daß du an ihm gut zu Hause sein kannst.
- Verweile einen Augenblick, nimm die Atmosphäre des Ortes auf.
- Suche dir aus den Dingen deines Ortes *eines* aus, welches du mitnehmen willst. Brich dann auf und geh an einen anderen, noch freien Ort deiner Wahl und lege deinen mitgebrachten Gegenstand dort ab.
- Nimm an deinem neuen Ort wahr, was dir guttut und was dich stört. Verändere, ohne zu zerstören.
- Von diesem Ort wähle wieder einen Gegenstand, den du mitnehmen willst. Brich auf.
- Komme so an alle Orte in diesem Raum – und schließlich wieder an deinen eigenen, an dein Zuhause zurück. Verweile dann, bis alle angekommen sind.
- Unsere Wege und Aufenthalte geschehen schweigend. …

Reflexion

Am Ende und nach einem Moment der Stille können alle wieder in den Kreis zurückkommen (und auf diese Weise Abstand nehmen von ihrem Ort).
Die folgenden Reflexionsfragen sind Anregungen. Die Leitung sollte darauf achten, daß die Antworten von niemandem kommentiert werden.

1. Sage ein Wort zu deinem eigenen Ort: was du dir gedacht hast, was dir besonders wichtig war.
2. Sage auch ein Wort zu einem Ort, den du besucht hast: einer, der dich beeindruckt, dir wohlgetan, dich beunruhigt etc. hat.
3. Sage ein drittes Wort zu deinem Ort, wie du ihn bei deiner Rückkehr vorgefunden hast: deine Gedanken und Gefühle.

Möglicherweise kommt in der Gestaltungsphase oder bei der Reflexion zutage, daß sich jemand schwer tut/getan hat, z.B. seinen Ort zum Besuch und v.a. zum Verändern loszulassen, oder daß jemand bestürzt ist über die Veränderung, die mit seinem Ort geschehen ist.
In so einem Fall ist es wichtig, daß der Leiter/die Leiterin die eigene Kompetenz richtig einschätzen kann. Patentrezepte gibt es nicht.
Grundsätzlich läßt sich aber sagen: Auf keinen Fall sollte man abblocken (»Das sprengt jetzt den Rahmen«) oder verharmlosen (»Schau mal, ist doch halb so schlimm«). Eher hilft es, den Schmerz zu »sehen«, d.h. zuzulassen, daß jemand sich so äußert, wie ihm zumute ist, bis alles gesagt ist, und dabei die eigene Wahrnehmung rückzumelden, ohne in weitere Tiefen vorzudringen und gleich nach Ursachen forschen zu müssen.
Gut ist, wenn der Leiter/die Leiterin im Anschluß für Gespräche unter vier Augen zur Verfügung stehen könnte.

Ein Sternweg

Poetischer Wegweiser durch das Geschehen der Adventszeit

Seit Jahrhunderten ist der »Kreuzweg« fester Bestandteil der Kirchenräume. Regelmäßig beschreitet ihn die Gemeinde in den Fastenzeiten, um den Leidensweg Jesu nachzuvollziehen.

In dem vorliegenden »Sternweg« erhält der »Kreuzweg« ein adventliches Pendant. Auch im Advent beschreiten wir einen Weg, besuchen wir Stationen, nähern uns Schritt für Schritt dem Weihnachtsfest. Auch diese Stationen lassen sich anschaulich und nachvollziehbar machen.

Die neun Stationen behandeln abwechselnd biblisch belegte Szenen von der Verkündigung bis zur Geburt und Stationen des menschlichen Werdens. Die Menschwerdung Gottes ist ein Geschehen, das nicht losgelöst sein will vom Werden jeden menschlichen Lebens und das doch seine ganz eigene Geschichte durchläuft.

Begleiter und Führer ist die Sprechrolle des Sterns. Er erzählt, deutet und kommentiert. Durch ihn haben die Weisen aus dem Morgenland vom Kommen des Messias erfahren. Gleichzeitig ist er auch der »gute Stern«, der über den Hauptpersonen wacht und das Geschehen zum Ziel führt: Gottes Auge.

Kurze biblische Zitate beziehen das Alte Testament in das aufgehende Neue ein und zeigen Zusammenhänge und die Deutungsmuster christlicher Theologie auf.

Die Responsorien am Ende jeder Station sind Bitte und Antwort der Gemeinde. Hierbei wurden Dichtungen nach dem Vorbild der sog. O-Antiphonen verwendet, die dem Stundengebet der Kirche vom 17. bis 23. Dezember zugeordnet sind, und ein Teil aus dem Kyrie-Ruf im Gotteslob Nr. 103.

Das Ergebnis, das einige Jahre lang wachsen durfte von der Idee bis zur Umsetzung, wurde zum ersten Mal 1995 mit den Schülern der Seminargemeinschaft von St. Valentin in Passau gefeiert – und ist ihnen in besonderer Weise gewidmet.

Durch Dias und Musik lassen sich die Stationen je nach Bedarf gestalten. Die kirchliche Medienzentralen halten eine große Auswahl von Einzeldias und Serien bereit, die die biblischen Stationen anhand von Kunstwerken aus Buchmalerei, von mittelalterlichen und neuzeitlichen Künstlern darstellen. Für die Stationen des menschlichen Werdens gibt es die Möglichkeit, eine Diaserie über pränatale Entwicklung zu zeigen (evtl. in der Biologiesammlung der / einer Schule vorhanden) oder Bilder vom Wachstum eines Pflanzensamens (z.B. Dia-Meditationen Folge 3: »Lieben – Sterben – Leben« von Elmar Gruber; impuls studio München). Als Musikstücke eignen sich z.B. alle adventlichen Bach- und Schütz-Choräle (auf verschiedenen Aufnahmen zu finden). Für die Durchführung sollten mindestens 45 Minuten eingeplant werden.

1 Gabriel

✷ Die Nächte sind länger geworden als die Tage. Die Sterne strahlen im Winter heller. Im Advent geht einer auf, der besonders hell scheint: es ist der Stern, der nach Betlehem wandert. Er streift vorüber an einem kleinen Haus, noch weit hinter dem Horizont. Sein Licht bringt Gottes Boten mit und läßt ihn ein in die dunkle Kammer. Eine Frau ist da, und sie weiß nicht, wie ihr geschieht.

Nicht weil ich euch eine Gunst erweisen wollte, sondern weil unser Gott es wollte, bin ich zu euch gekommen. Jetzt aber dankt Gott!

(Tobit 12,18.20)

✷ Mein Glanz spiegelt sich in den Augen der Frau. Er hellt ihr Gesicht auf und läßt sie glauben, was unglaublich scheint. Die Botschaft ist verkündet, der Same eingepflanzt. Du, Bote, kehr' zurück zu deinem Gott, und ich will weiterziehn.

V Licht, das die Nacht erhellt,
A Trost der verlornen Welt: Christus, erbarme dich.
V O Aufgang, Glanz der Ewigkeit, du Sonne der Gerechtigkeit:
A Erleuchte doch mit deiner Pracht die Finsternis und Todesnacht.

2 Die Zelle

✷ Die Frau hat sich verändert. Sie ist nicht mehr, die sie war. Sie trägt schwer an dem, was ihr verkündet wurde. Sie trägt die Zelle eines Kindes, so klein, daß nur ihr Blick es verrät. Und er verrät es, der Widerschein des nächtlichen Besuchs. Am Tage meidet sie die Neugierigen, die Zeitungen, die Freunde, die Feinde. Erst in der Nacht hebt sich die Ängstlichkeit: In meinem Licht ist sie heimlich schon, die sie einmal sein wird.

Aber du, so klein, aus dir wird mir einer hervorgehen, der über Israel herrschen soll. Sein Ursprung liegt in ferner Vorzeit, in längst vergangenen Tagen. Und er wird der Friede sein. *(aus Micha 5,1.4)*

✷ Die Vergangenheit bleibt langsam zurück. Erwartung liegt vor dir, Frau. Ein Leben ohne diese Botschaft kannst du nicht mehr denken. Und ich begleite dich.

V Licht, das die Nacht erhellt,
A Trost der verlornen Welt: Christus, erbarme dich.
V O Saatkorn aus des Höchsten Hand, das du die Rettung wirst genannt:
A Geh auf und sei behütet hier, daß Gottes Hand auch uns berühr'.

3 Joseph

✳ Ich scheine nun in seine Kammer: Er liegt schlaflos und denkt nur an sie. Er glaubt sie so verloren, wie sie den Tag meidet, entglitten seinen liebenden Händen. Da ist Ärger, aber noch viel mehr Angst. Und in diese Angst leuchte ich. Er spürt es und schaut auf.

Freu dich, junger Mann, in deiner Jugend, sei heiteren Herzens in deinen frühen Jahren! Geh auf den Wegen, die dein Herz dir sagt, zu dem, was deine Augen vor sich sehen. *(Kohelet 11,9)*

✳ Ich kenne diesen Blick, der plötzlich glaubt, was unglaublich scheint. Und seine Hand berührt die Wand zur Nachbarkammer, wo sie schlaflos liegt und an ihn denkt. Zwei Hände treffen sich am gleichen Fleck. So darf ich weiterwandern.

V Licht, das die Nacht erhellt,
A Trost der verlornen Welt: Christus, erbarme dich.
V O Adonai, du starker Gott, du gabst dem Mose dein Gebot am Sinai im Flammenschein:
A Streck aus den Arm, uns zu befreien.

4 Wunderbar gemacht

✷ Die Hand auf ihrem Bauch spürt tief hinein. Nach und nach wird seine Rundung größer, die Brüste voller und ihr Gesicht sanfter. Der Mann, den sie liebt, spürt mit ihr, horcht, tastet. Auch sein Gesicht ist sanfter.

Du hast mein Inneres geschaffen, mich gewoben im Schoß meiner Mutter. Ich danke dir, daß du mich so wunderbar gestaltet hast. Ich weiß: Staunenswert sind deine Werke. Deine Augen sahen, wie ich entstand.

(aus Psalm 139,14.16)

✷ Das Kind ist nicht mehr Geheimnis, das im Verborgenen reift. Die Liebe eines Menschen macht den Tag wieder lebenswert. Ertragen lassen sich die Blicke der Neugierigen, der Zeitungen, der Freunde, der Feinde. Deine Schlaflosigkeit ist vorbei, Frau; schlaf du nur an seiner Seite.

V Licht, das die Nacht erhellt,
A Trost der verlornen Welt: Christus, erbarme dich.
V O Wachstum, das vom Leben zeugt, in dem sich Gott aus Liebe beugt:
A Erfülle jedes Menschen Herz und trage es durch Freud' und Schmerz.

5 Elisabeth

✳ Da ist die zweite Frau, die ein Kind aus Gottes Hand empfing. Sie wartet. Ich führe sie beide zusammen. Bis zwei Menschen sich treffen, die das gleiche erfahren durften, braucht es einen langen Weg. Und wieder ist ein Widerschein in diesen Augen, nicht nur vom Stern, auch von den Menschen.

Über dir geht leuchtend der Herr auf, seine Herrlichkeit erscheint über dir. Blick auf und schau umher: Du wirst es sehen, und du wirst strahlen, dein Herz bebt vor Freude und öffnet sich weit.

(aus Jesaja 60, 2.4.5)

✳ Noch ein Mensch, der dazugehört. Was eine allein begann, ist eine Lebensgemeinschaft geworden. Zieht aus, Frauen, mit euren Männern. Bleibt nicht länger in der einsamen Kammer, in der alles begann. Seid gewiß: ein guter Stern ist bei euch.

V Licht, das die Nacht erhellt,
A Trost der verlornen Welt: Christus, erbarme dich.
V O Schlüssel Davids, dessen Kraft uns kann entziehn der ew'gen Haft:
A komm, führ uns aus des Todes Nacht, wohin die Sünde uns gebracht.

6 Der Sproß

✷ Zum ersten Male hat es sich bewegt, gestrampelt mit kleinen Beinen und Armen. Es hat sich angekündigt und seine Kraft bewiesen. Die Mutter steht unter freiem Himmel und lacht. Sie sagt es jedem, der es hören will. Sie glüht vor Freude.

Aus dem Baumstumpf Isais wächst ein Reis hervor, ein junger Trieb aus seinen Wurzeln bringt Frucht. Der Geist des Herrn läßt sich nieder auf ihm: der Geist der Weisheit und der Einsicht, der Geist des Rates und der Stärke, der Geist der Erkenntnis und der Gottesfurcht.

(Jesaja 11,1-2)

✷ Die Botschaft lebt, ist nicht Wort allein geblieben. Du bist glücklich, Frau, du verlierst dein Kind nicht wieder. Trauere mit denen, deren Baumstumpf tot geblieben ist, und schenke von dem Trost weiter, den du in dir fühlst.

V Licht, das die Nacht erhellt,
A Trost der verlornen Welt: Christus, erbarme dich.
V O Wurzel Jesse, Jesu Christ, ein Zeichen aller Welt du bist,
das allen Völkern Heil verspricht:
A Eil uns zu Hilfe, säume nicht.

7 Maria

✳ Sie blickt auf und sucht nach mir. Erinnerung spiegelt sich in ihrem Gesicht. Sie hört den Boten wieder, der sie beim Namen rief. Den Horizont habe ich längst verlassen, ich strahle hoch über aller Welt, als sei ich schon am Ziel. Ich weise in Richtung Betlehem. Und zwei Menschen folgen mir dorthin.

Wer ist, die da erscheint wie das Morgenrot, wie der Mond so schön? Wer ist sie, die aus der Steppe heraufsteigt, auf ihren Geliebten gestützt? Ihr Name soll ewig bestehen; solange die Sonne bleibt, sprosse ihr Name.
(nach Hohelied 6,10; 8,5; Psalm 72,17)

✳ Du siehst, Frau, ich bin noch bei dir. Ich erzähle deine Ankunft. Der Weg zu den Menschen, den vielen, den anderen, den fremden, ist weit gewesen; und sie alle warten hier auf dich. Und auf den, den du mitbringst, das Kind. Man flüstert es von Haus zu Haus. Es ist so wundersam, daß euch dreien nur ein Stall bleibt, weil die Häuser sich fürchten vor dem unbekannten Licht.

V Licht, das die Nacht erhellt,
A Trost der verlornen Welt: Christus, erbarme dich.
V O Weisheit aus des Höchsten Mund, die du umspannst des Weltalls Rund und alles lenkst mit Kraft und Rat:
A Komm, weise uns der Klugheit Pfad.

✳ Und am Ziel wartet wieder eine Kammer. Sie läßt sich nieder, und alle sind bei ihr, die ich traf, hier oder in Gedanken. Ihre Stunde – sie ist jetzt. Die Nacht ist heller als der Tag, denn heute scheint mein Licht nicht einer allein. Jetzt ist die Stunde aller Menschen.

Noch ehe die Frau ihre Wehen bekommt, hat sie schon geboren; ehe die Wehen über sie kamen, brachte sie einen Knaben zur Welt. Wer hat so etwas je gehört, wer hat dergleichen je gesehen? »Sollte ich, der die Frauen gebären läßt, ihnen den Schoß verschließen?« spricht der Herr.

(aus Jesaja 66,7-9)

✳ Er kommt, doch du merkst es nicht. Dein Glück hält jeden Schmerz aus. Alle Liebe der Welt umgibt dich. Schrei und sei glücklich dabei! Und in deinen Schrei mischt sich ein anderer, neuer, erster.

V Licht, das die Nacht erhellt,
A Trost der verlornen Welt: Christus, erbarme dich.
V O König, Sehnsucht aller Welt, du Eckstein, der sie eint und hält:
A O komm zu uns, o Herrscher mild; und rette uns, dein Ebenbild.

9 Immanuel

✷ Hier liegt der Gott-mit-uns, an seiner Mutter Brust. Er trinkt die Mensch-Natur, die ihn erfüllen wird. Und Mann und Frau sind still, nur ihre Fragen stehen in den Augen: Was wird mit dir, mit uns?

Das Volk, das im Dunkel lebt, sieht ein helles Licht. Denn uns ist ein Kind geboren, ein Sohn ist uns geschenkt. Man freut sich in deiner Nähe.

(aus Jesaja 9,1.5.2)

✷ Der Stern hat seinen Dienst getan, ihr braucht mich nicht mehr. Euer Licht liegt in euren Armen. Gott ist mit euch. Ich werde wieder klein, ein Punkt im All. Doch behaltet auch mich in Erinnerung, wie alles, was geschehen ist und noch geschehen wird. Seid sicher: Dies ist nur der Anfang einer langen Geschichte.

V Licht, das die Nacht erhellt,
A Trost der verlornen Welt: Christus, erbarme dich.
V O Gott-mit-uns, Immanuel, du Fürst des Hauses Israel,
o Hoffnung aller Völker du:
A Komm, führ uns deinem Frieden zu.

Weihnachten

HOCHFEST DER GEBURT

FESTE DER WEIHNACHTSZEIT

GEBETSMOMENTE UND MEDITATIONEN

AUSBLICK

Schlange – Krippe – Auferstehung

Die Weihnachtsnacht als Angelpunkt der Heilsgeschichte

Vorbereitung

- *Die Kirche könnte mit den drei Steppenbäumen aus Jes 41,19 geschmückt sein: Kiefer, Buchsbaum, Zypresse (nach Luther). Das Pendant zur Krippe bildet der Buchsbaum, mit Äpfeln behängt. Äpfel und andere Früchte sollten auch an herkömmlichen Tannen der einzige Schmuck sein.*
- *Ein Seil, farbig gestaltet, ist als Schlange um den Buchsbaum gewunden. Das Seil sollte lang genug sein, um als »Schwanz« auch noch weit in den Mittelgang zu reichen. Es verbindet so die TeilnehmerInnen mit dem »Paradiesbaum«.*
- *Beim Einzug ist es noch dunkel, nur die Kerzen brennen. Mitgeführt wird der Stern von Betlehem, der später auch die Heiligen Drei Könige in die Häuser begleiten wird, oder ein anderer festlich großer Stern. Er erhält seinen Platz zwischen »Paradiesbaum« und Krippe.*
- *Als kleines Geschenk ist für alle ein dreiteiliges Tannenzweiglein vorbereitet: ein Lebenszweig.*

Hinweis

Diese Feier der Christnacht hält sich im Aufbau an die Feier der Osternacht. Die Gründe legt die Einführung dar, die auf keinen Fall weggelassen werden sollte. Sinnvoll ist, die Gemeinde schon im Advent auf eine so andere – liturgiegeschichtlich jedoch ursprünglichere! – Weise der Feier vorzubereiten. Die Gremien einer Pfarrei sollten gefragt sein und die Feier mittragen.

L 1: Gen 3,1-24
L 2: Jes 41,18-20
L 3: Röm 8,1-4 (Übersetzung: Luther-Bibel 1984)
E: Lk 2,1-14

Einführung

Die Einführung erfolgt unmittelbar vor dem Einzug; ein Moderator könnte sie sprechen.

Wir stehen an der Schwelle der Nacht, in der eine unglaubliche Geschichte dem Menschen das Heil bringen soll. Wir feiern sie jedes Jahr: Es ist eine so unglaubliche Geschichte, daß wir sie nicht oft genug hören können, um sie vielleicht eines Tages zu begreifen – zu begreifen, daß sie auch uns etwas angeht, daß sie auch für uns Heil bedeutet.

Zugleich ist dies die Nacht, in der wir Abschied nehmen von Adam und Eva. Am 24. Dezember gedenken die Christen ihrer Stammeltern, obwohl die Kirche dieses Gedenken nie offiziell festgeschrieben hat. Es ist durch lange Tradition gewachsen. Ein Stück dieser Tradition ist es, wenn wir Bäume aufrichten und sie, wie heuer, mit Früchten, besonders mit Äpfeln behängen. Wir wollen uns das Paradies neu pflanzen. Die Weihnachtsbotschaft verspricht uns, daß Christus in seiner Geburt die Tore zum Paradies wieder aufschließt, welche nach Adams und Evas Sündenfall verschlossen wurden, wie die Bibel erzählt.

Ohne Adam und Eva hätten wir aber die Chance nicht, daß Gott sich unter uns mischt und unser Leben teilt. Und ohne Tod und Auferstehung hätte Gott diese unsere Chance vertan. Ohne Ostern hätten wir Weihnachten nichts zu feiern. Und ohne Weihnachten würden wir noch heute auf Ostern warten. So wollen wir in unserem Weihnachtsfest ein Stück Osterfest vorweg-feiern. Vorbild ist uns die Osternacht. Die beiden Nächte gehören zusammen. Das soll heute deutlich werden.

Wie in der Osternacht werden wir auf die Frohe Botschaft hingeführt durch ein Weihnachtslob, durch Lesungen aus unserer Geschichte mit Adam, Eva und der Schlange, die sich schon um den Buchsbaum windet. Wir werden hören, daß die Wüste wieder blüht, daß drei grüne Bäume die Steppe vertreiben – darin werden wir unsere Christbäume wiedererkennen: die Kiefer, die Zypresse und den Buchsbaum, vor Jahrhunderten schon der Weihnachtsbaum der Friesen.

Es folgt ein schweigender Einzug, mit dem Stern voran.
Wenn der Priester und der liturgische Dienst ihre Plätze eingenommen haben:

Weihnachtslob

Nun freut euch, ihr Christen, singet Jubellieder.

Denn angebrochen ist die Nacht, die unserer tiefen Dunkelheit ein helles Licht aufstrahlen läßt.

Dies ist die Heilige Nacht, die die Propheten uns vorausgesagt haben. Das Volk, das im Dunkeln lebt – das sind wir selbst – sieht ein helles Licht.

Freut euch! Noch einmal sage ich: freut euch!

In euren Gesichtern spiegelt sich das Licht aus der Höhe, das allen leuchtet, die in Finsternis sitzen und im Schatten des Todes, um unsere Schritte zu lenken auf den Weg des Friedens.

Dies ist die Heilige Nacht, in der die Zeit für einen Augenblick stille steht, in der die Engel den Frieden verkünden und Wolf und Lamm miteinander weiden.

Dies ist die Heilige Nacht, die der Wurzel Jesse einen frischen Trieb schenkt, ein Kind, das eine junge Frau geboren hat.

Dies ist die Heilige Nacht, in der das Kind sorglos vor dem Schlupfloch der Natter spielt, da nun die alte Schlange – das ist der Satan – überwältigt ist.

Öffnet euch, ihr uralten Pforten, denn die Stunde ist da, in der der Menschensohn kommt, die Stunde, die wir mit brennenden Herzen erwartet. Öffnet euch, ihr uralten Pforten des Paradieses, denn der König der Herrlichkeit schließt euch endlich wieder auf in seiner Geburt.

Freut euch im Herrn zu jeder Zeit! Noch einmal sage ich: freut euch! Das Licht aus der Höhe leuchtet euch, glaubt es und strahlt es wider: Christ, der Retter ist da.

Lesung 1

Kyrie

Gesprochen von der Schlange (S), von Adam (A) und Eva (E):

S Ich bin deine Schlange. Ich spreche deine tiefsten Wünsche aus. Ich winde mich um dein Herz, bis du sie dir erfüllst. Ich schnüre dich ein, bis du die Geduld verlierst. Ich treibe mein Gift in deine Gedanken, bis du selbst giftig wirst. Ich schenke dir einen Apfel, der dir im Hals steckenbleibt.
Doch auch das schenke ich dir: daß du erkennen kannst, was in dir vorgeht; daß du dich ändern kannst, wenn du dich erkannt hast. Gott erbarme sich unser.

E Ich bin deine Eva. Ich bin deine weibliche Seite, die schwache, bedürftige, verletzliche und verletzte. Ich hege deine tiefsten Wünsche und vergesse keinen. Ich nehme für dich den Apfel an, ich nehme für dich, was immer du willst, sei es zu deinem Nutzen oder Schaden.
Doch auch das nehme ich für dich: Freude und Phantasie und die Fähigkeit zu lieben trotz aller Beschwerlichkeit. Gott erbarme sich unser.

A Ich bin dein Adam. Ich bin deine männliche Seite, die starke, mächtige, undurchdringbare. Ich greife nach deinen tiefsten Wünschen und setze sie durch. Ich ergreife für dich den Apfel, ich ergreife die Gelegenheit und das Wort. Die Gelegenheit ist immer günstig, das Wort immer laut.
Doch auch das ergreife ich für dich: Partei, wenn es dir dreckig geht, Felle und Feigenblätter, damit du geschützt bist und fähig, auch zu dir zu stehen, auch klein beizugeben. Gott erbarme sich unser.

Lesung 2

Gebet

Guter Gott. Einst waren die vier Flüsse des Paradieses für uns ausgetrocknet, dein Paradies nur staubige Wüste. Kein Wasser, kein Leben, kein Überleben, kein ewiges Leben. Erbarme dich unserer Zeit, die so viele verdursten läßt, austrocknen ohne soziale Sicherheit und seelischen Halt. Gib uns durch deinen Sohn lebendiges Wasser, daß wir als Glaubende blühen können und inmitten unserer Zeit eine Oase sind und ein kleines Paradies für die, die unsere Hilfe brauchen. Darum bitten wir durch Christus, unsern Herrn. Amen.

Lesung 3

Tagesgebet

Guter Gott. In dieser hochheiligen Nacht ist uns das wahre Licht aufgestrahlt. Ein Kind ist uns geboren, dein Sohn ist uns geschenkt. Kein neues Gesetz hast du uns gegeben, sondern ein lebendiges Beispiel deiner Liebe. Mit ihm ist es uns möglich geworden, dem Kreislauf von Sünde und Tod, von Tod und Rache, von Gewalt und wieder Gewalt zu entfliehen. Diese Gesetze sind aufgehoben, wo wir dein Wirken und deinen Frieden spüren. Laß uns dieses Geheimnis im Glauben erfassen und bewahren, bis wir die letzte Gewißheit haben, daß nicht Verdammnis auf uns wartet, sondern dein Paradies. Darum bitten wir durch Christus, unsern Herrn. Amen.

Gloria GL 134 »***Lobt Gott, ihr Christen***«
Halleluja GL 155 »***Christus ist geboren, Halleluja***«

Evangelium
(Homilie)

Fürbitten

Guter Gott. Du hast uns nicht alleingelassen in den Wüsten unserer Welt. In unserem Feiern versuchen wir jedes Jahr neu, daß du auch für uns lebendig wirst und dich entdecken läßt in jedem Kind, in jedem Menschen. Die Erlösung, auf die die Menschheit wartet, seit sie die Geschichte von Adam und Eva erdacht hat, und die sich so unglaublich erfüllt hat in deinem Sohn, ist nur manchmal für uns spürbar. Deshalb treten unsere Stammeltern vor dich hin, unsere Urbilder, und bitten dich in unser aller Namen:

A »War ich Unsel'ger Spielwerk deines Spottes,
als die Erlösung du mir zeigtest an?«
(Richard Wagner: aus dem Holländer-Monolog)
Laß mich nicht müde werden, nach dir Ausschau zu halten, wenn du mir fern bist, wenn ich deiner Gegenwart mißtraue. Beschenke mich mit neuen Kräften, dann kann auch ich erlöster leben.

E »Sie ist gerichtet…!«
So klang das erste Urteil und so klingt es oft noch heute. Mein

Leben ist von so vielen Urteilen geprägt, von den Urteilen anderer gegen mich und von meinen eigenen gegen andere. Laß auch mich erlöster leben: freier von all den Urteilen. Denn es gibt längst dein endgültiges, anderes Urteil:
»... Ist gerettet!« *(Goethe: aus Faust I)*

Adam und Eva, die alten Menschen, sind erst begraben, wenn das Licht der Weihnachtsnacht sich nicht nur in unseren Gesichtern spiegelt, sondern auch aus unseren Herzen scheint. Verhilf uns durch das Geheimnis dieser Nacht, nicht nur symbolisch die Schlange vom Lebensbaum zu vertreiben und dir zu Füßen zu legen, wie wir es jetzt tun wollen, sondern auch das neue Leben, frei von Urteilen und Mißtrauen, das du uns in der Geburt deines Sohnes anbietest, ganz zu teilen. Darum bitten wir durch Christus, unsern Herrn. Amen.
Adam und Eva nehmen nun die »Schlange« vom Buchsbaum ab und legen sie kreisförmig um den Altar.

Offertorium GL 144 ***»Jauchzet, ihr Himmel«***

Gabengebet

Guter Gott. Die Welt liegt deinem Sohn zu Füßen. Die Schlange ist besiegt, und wir sind gekommen, um diesen stillen Sieg zu feiern. Wir sind heute die Drei Weisen, die gekommen sind, den neugeborenen König anzubeten. Wir haben kein Gold und keine Myrrhe zu verschenken, nur etwas Weihrauch. Doch wir haben Brot und Wein als Zeichen unserer täglichen Nahrung. Sie sind ebenso wertvoll wie Gold und Myrrhe. Nimm sie an und schenke uns dafür deine Gegenwart und die Gewißheit unserer Erlösung, die am Kreuz vollendet wird. Darum bitten wir durch Christus, unsern Herrn. Amen.

Sanctus Eff 43 ***»Heilig... hosanna in der Höhe«***
Agnus Dei GL 894 ***»O du Lamm Gottes« (Gregor Molitor)***
Kommuniondank GL 135 ***»Singen wir mit Fröhlichkeit«***

Schlußgebet

Guter Gott. Am Anfang war dein Wort. Und das Wort warst du. Das Wort ist Kind geworden und lebt jetzt unter uns. Und das Wort ist Brot geworden und wirkt jetzt unter uns. Bleibe bei uns und in uns, damit dein Wort auch unser Wort werden kann – und unsere Tat. Darum bitten wir durch Christus, unsern Herrn. Amen.

Schlußlied ***»O du fröhliche«, »Stille Nacht« oder andere Lieder, die in der Gemeinde üblicherweise an dieser Stelle ihren Platz haben***

Ludus Nativitatis

Das Weihnachtsfest als heiliges Spiel

Vorbereitung

- *Viel Platz – eine Bühne vor/um den Altar (evtl. mit Bühnenbild)*
- *Sitzplätze für die SprecherInnen, mit Tüchern in symbolischen Farben gestaltet (z.B. weiß für den Engel, rot und blau für Maria, grün und braun für Joseph, ohne Tücher für die Erzähler) (s.u. die dramaturgische Anmerkung)*

Hinweis

Heutige Krippenspiele stehen in der Tradition der mittelalterlichen Mysterienspiele. In der Fülle der heute angebotenen Krippenspiele scheint jedoch verlorengegangen, daß der Bilderreichtum der biblischen Schriften Stoff genug ist, um mit wenigen dramaturgischen Mitteln ein Mysterienspiel im alten Stil zu verwirklichen. Im vorliegenden Weihnachtsspiel wurden nur biblische Zeugen herangezogen und das sog. Jakobus-Evangelium, eine Schrift aus dem 2. Jahrhundert, die unsere Weihnachtstradition entscheidend beeinflußt hat.

Evangelienspiel aus folgenden Texten: Lk 1,26-29; 2,1-20 / Mt 1; 2 / Jes 7,14; 9,1-6; 11,1-10; 40,1-11 / Jer 23,5-6 / Ez 34,23-24.31 / Jakobus-Evangelium*

Einzug GL 116 ***»Gott, heilger Schöpfer«***

* *Quelle: E. Weidinger (Hg.): Apokryphe Bibel. Die verborgenen Bücher der Bibel, Augsburg 1991.*

Einführung

In den letzten Tagen vor Weihnachten werden die Nächte noch länger. Wir tauchen noch tiefer in die Dunkelheit ein, und die Menschen am Nordpol erleben nur Nacht. Es ist nicht verwunderlich, daß Weihnachten, das Fest voller Lichter, genau auf diesen Punkt des Jahres gefallen ist. Ob die Geburt Jesu tatsächlich auch da stattgefunden hat, darf dabei zu Recht bezweifelt werden. Wichtig ist nur, daß da ein Licht aufgeht, das die Nacht vertreibt und den Frühling heraufführen wird: Die Sonne wendet sich, und Gottes Sohn, der Erlöser der Welt, erscheint. Christus ist an die Stelle des römischen Sonnengottes getreten, dessen Geburt man am 25.12. gefeiert hat. Die Kaiser haben sich zuweilen mit der Sonne identifiziert, vor allem, als das Reich schon vom Untergang gezeichnet war. Die Kaiser ließen sich anrufen mit »Kyrie eleison« – Herr, erbarme dich. Der einzige Kaiser, der heute noch übrig ist – der Tenno von Japan –, hat seiner Göttlichkeit 1946 abgeschworen. Das »Kyrie eleison« gebührt unumstritten nur noch einem; er wird weder seiner Göttlichkeit abschwören noch demnächst einfach so untergehen – schließlich feiern wir jedes Jahr aufs neue seine Geburt.

Kyrielied GL 103 »*Tau aus Himmelshöhn*«

Tagesgebet

Guter Gott. Wir feiern heute in Vorfreude auf das Fest der Geburt deines Sohnes. Wir haben uns gut vorbereitet und eine Menge mitgebracht. Du weißt, daß wir auch Wert darauf legen, daß uns alles gelingt – wir möchten es gut machen. Laß uns dabei nicht vergessen, daß wir im Gottesdienst eintauchen in eine Welt, in der dein Geist herrscht. Beseele uns mit deinem Geist, daß wir nicht »Schauspieler« sind, sondern Menschen, die deinen Sohn auf der Erde wieder spürbar machen. Darum bitten wir durch Christus, unsern Herrn. Amen.

Dramaturgische Anmerkung

- *Die SprecherInnen können auch an ihren Plätzen (s.o. Vorber.) stehen.*
- *Andere Personen können einbezogen werden, z.B. durch pantomimische Darstellung dessen, was die Sprecher lesen. So könnte eine »Anna« die Maria-Sprecherin auf ihren Platz führen, wenn von deren Geburt erzählt wird. Auch Herodes oder die Drei Weisen können kurz auftreten. Auf diese Art lassen sich im Idealfall alle TeilnehmerInnen in das Spiel einbeziehen. Improvisieren ist erwünscht.*
- *Der Altar könnte zugleich die Krippe symbolisieren, Hostien und Wein in ihren Gefäßen das Jesuskind.*
- *Zwischen den Teilen des Spiels ist Musik eine gute Auflockerung: Flötengruppe, Gitarre, Chor – was vor Ort gepflegt wird. Die MusikerInnen sollten auf der Bühne und im Geschehen postiert sein.*

Personen: 2 Erzähler (E1, E2); Engel (En); Maria (M); Joseph (J)

E2 Buch der Abstammung Jesu Christi, des Sohnes Davids, des Sohnes Abrahams: Von Abraham stammte Isaak, von Isaak stammte Jakob, von Jakob stammten Juda und seine Brüder.

E1 Nach den Geschichtsbüchern der zwölf Stämme Israels war Joachim überaus reich, und er brachte seine Opfergaben gewöhnlich doppelt dar. Sein Weib aber, Anna, klagte ob ihrer Kinderlosigkeit. Und siehe, da trat ein Engel des Herrn zu ihr und sprach:

En Anna, Anna, Gott der Herr hat dein Flehen gehört. Du wirst empfangen und gebären.

E1 Nachdem die Zahl ihrer Monate voll war, gebar Anna im neunten Monat ein Mädchen. Sie gab dem Kind die Brust und nannte es Maria.

E2 Von Jesse stammte David, der König. Von König David stammte Salomon aus der Frau des Urias.

E1 Als Maria zwölf Jahre alt war, wurde ein Rat der Priester gehalten. Ein Engel des Herrn sprach zum Priester Zacharias:

En Gehe und versammle alle Witwer des Volkes; jeder soll einen Stab mitbringen, und an welchem Gott der Herr ein Zeichen offenbaren wird, dessen Weib soll sie sein.

E1 Den letzten Stab nahm Joseph. Da kam eine weiße Taube und flatterte auf das Haupt des Joseph. Da nahm Joseph Maria in seine Obhut.

E2 Nach der Wegführung nach Babylon stammte von Achim Joseph, der Mann Marias, aus der geboren wurde Jesus, genannt Christus (Messias). Insgesamt also sind an Geschlechtern: von Abraham bis David vierzehn Geschlechter, von David bis zur Wegführung nach Babylon vierzehn Geschlechter und von der Wegführung nach Babylon bis Christus vierzehn Geschlechter.

✵

E2 Fürwahr, Tage werden kommen – Spruch des Herrn –, da lasse ich dem David einen gerechten Sproß erstehen; als König herrscht er in Weisheit, im Lande vollbringt er Recht und Gerechtigkeit. Heil kommt über Juda in seinen Tagen, und Israel wohnt in Sicherheit; dies ist der Name, den man ihm gibt: »Herr, unsere Gerechtigkeit!«

E1 Im sechsten Monat wurde der Engel Gabriel von Gott gesandt in eine Stadt Galiläas, mit Namen Nazareth, zu einer Jungfrau, die verlobt war mit einem Manne aus dem Hause David, namens Joseph, und der Name der Jungfrau war Maria. Und er trat bei ihr ein und sprach:

En Gegrüßet seist du, Gnadenreiche! Der Herr ist mit dir, du Gebenedeite unter den Weibern!

E1 Und sie schaute sich zur Rechten und zur Linken um, woher diese Stimme komme. Sie war voller Angst und ging in ihr Haus. Da stand der Engel des Herrn vor ihr und sprach:

En Fürchte dich nicht, Maria, denn du hast Gnade gefunden vor dem Angesicht des Herrn, und du wirst schwanger werden von seinem Wort. Siehe, du wirst empfangen und einen Sohn gebären und seinen Namen Jesus nennen. Dieser wird groß sein und Sohn des Allerhöchsten genannt werden; Gott, der Herr, wird ihm den Thron seines Vaters David geben, und er wird herrschen über das Haus Jakob ewiglich, und seines Reiches wird kein Ende sein.

E1 Da sprach Maria:

M Siehe, ich bin die Magd des Herrn, es geschehe mir nach deinen Worten.

*

E1 In jenen Tagen geschah es, daß vom Kaiser Augustus ein Befehl ausging, daß der gesamte Erdkreis aufgezeichnet werde. Diese erste Aufzeichnung geschah, als Quirinius Statthalter von Syrien war. Alle gingen hin, sich eintragen zu lassen, ein jeder in seine Stadt. Auch Joseph zog von Galiläa, aus der Stadt Nazareth, hinauf nach Judäa in die Stadt Davids, die Betlehem heißt – weil er aus dem Hause und Geschlechte Davids war –, um sich eintragen zu lassen zusammen mit Maria, seiner Verlobten, die gesegneten Leibes war.

E2 So kamen sie Betlehem bis auf drei Meilen nahe. Und Joseph wandte sich um und sah, daß Maria voll Schmerzes war und sagte zu sich selbst:

J Vielleicht bedrängt sie, was in ihr ist.

E2 Und er wandte sich abermals um und sah, daß sie lachte, und er sprach zu ihr:

J Was geht da in dir vor, daß ich dein Angesicht sehe, wie es bald voll Schmerzes ist, bald aber lachend und freudeglänzend?

E2 Maria aber sagte zu ihm:

M Weil ich zwei Völker in meinen Augen sehe, das eine weinend, das andere lachend.

E2 Und als sie nach Betlehem hinaufgekommen waren, sprach Maria:

M Hebe mich von der Eselin herab, weil das, was in mir ist, mich drängt und hervorkommen will.

E2 Joseph hob sie von der Eselin herab und fragte sie:

J Wo soll ich dich hinbringen, da wir keinen Ort zur Einkehr haben?

E2 Er fand aber eine Höhle und brachte sie hinein.

En Darum wird der Herr selbst euch ein Zeichen geben: Siehe, die Jungfrau wird empfangen und einen Sohn gebären und seinen Namen »Immanuel« nennen.

E1 Und sie gebar ihren ersten Sohn, hüllte ihn in Windeln und legte ihn in eine Krippe, weil nicht Platz für sie war in der Herberge.

J Ich aber wanderte umher und wanderte doch nicht; ich blickte auf gen Himmel und sah das Himmelsgewölbe stillstehen und die

Vögel des Himmels zittern. Und ich blickte hinab zur Erde und sah eine Schüssel und Arbeiter, die lagen daneben; und es waren ihre Hände in der Schüssel. Und die, die ihre Hände aufhoben, hoben sie nicht auf; und die sie zum Mund brachten, brachten sie nicht dahin, sondern das Angesicht aller war aufwärts gerichtet. Und ich sah Schafe, die getrieben wurden, und die Schafe standen still. Es erhob aber der Hirte seine Hand, um sie zu schlagen, und seine Hand blieb aufwärts stehen. Und alle waren betäubt.

E1 Da trat ein Engel des Herrn zu ihnen, und es umstrahlte sie die Herrlichkeit des Herrn, und sie fürchteten sich sehr. Der Engel aber sprach zu ihnen:

En Fürchtet euch nicht! Denn seht, ich verkünde euch eine große Freude, die dem ganzen Volk zuteil werden soll: Euch wurde heute in der Stadt Davids ein Retter geboren, der ist Messias und Herr. Und dies soll euch zum Zeichen sein: Ihr werdet ein Kindlein finden, in Windeln eingehüllt und in einer Krippe liegend!

E1 Und es geschah, als die Engel von ihnen weg zum Himmel entschwanden, sagten die Hirten zueinander: »Laßt uns hinübergehen nach Betlehem und schauen, was da geschehen ist, von dem der Herr uns Kunde gab!« Und sie gingen eilends und fanden Maria und Joseph und das Kind, das in der Krippe lag.

E2 Das Volk, das in Finsternis wandelt, erschaut ein gewaltiges Licht. Über den Bewohnern eines finsteren Landes strahlt ein Lichtglanz hell auf.

En Ich bestelle über sie einen einzigen Hirten, der sie weiden soll, nämlich meinen Knecht David; er soll sie weiden, er soll ihr Hirt sein. Ich, der Herr, will ihr Gott sein, und mein Knecht David wird Fürst in ihrer Mitte sein; ich, der Herr, habe gesprochen.

E1 Als nun Jesus geboren war, zu Betlehem in Judäa, in den Tagen des Königs Herodes, siehe, da kamen Magier aus dem Morgenland nach Jerusalem und sprachen: »Wo ist der neugeborene König der Juden? Wir sahen nämlich seinen Stern im Aufgang und sind gekommen, ihm zu huldigen.«

E2 Da sprach Herodes: »Gehet hin und forscht genau nach dem

Kindlein, und wenn ihr es gefunden habt, so verkündet es mir.« Die Magier gingen weg, und siehe, der Stern, den sie im Morgenland gesehen hatten, ging vor ihnen her, bis er über der Höhle und über dem Haupt des Kindleins stand.

E1 Sie gingen in das Haus, sahen das Kind mit Maria, seiner Mutter, fielen nieder und huldigten ihm. Sie taten auch ihre Schätze auf und brachten ihm Geschenke dar: Gold, Weihrauch und Myrrhe. Und als sie im Traum die Weisung erhielten, nicht zurückzukehren zu Herodes, zogen sie auf einem anderen Weg heim in ihr Land.

E2 Herodes wurde zornig und sandte Mörder aus, denen er befahl, die Kinder von zwei Jahren und darunter zu töten. Als Maria hörte, daß die Kinder getötet würden, erschrak sie, nahm ihr Kindlein und Joseph und wanderte nach Ägypten aus, wie ihnen befohlen worden war.

En »Tröstet, ja tröstet mein Volk«, spricht euer Gott. »Redet Jerusalem zu Herzen und rufet ihm zu, daß erfüllt ist sein Kriegsdienst, bezahlt seine Schuld. Denn Doppeltes empfing es aus der Hand des Herrn für all seine Sünden.« Eines Rufenden Stimme: »In der Wüste bahnt einen Weg für den Herrn, ebnet in der Steppe einen Pfad für unseren Gott! Es hebe sich jedes Tal, es senke sich jeder Berg und Hügel; was uneben ist, werde zur Ebene, das Hügelige zum Flachland! Ja, offenbar wird die Herrlichkeit des Herrn, und alles Fleisch wird sie schauen; denn des Herrn Mund hat gesprochen.«

Glaubensbekenntnis

statt Fürbitten

Offertorium Eff 102 ***»Du bist das Licht der Welt«***

Gabengebet

Guter Gott. Gold, Weihrauch und Myrrhe brachten die Weisen zu dir nach Betlehem. Brot, Wein und Wasser bringen wir heute zu dir. Schenke sie uns wieder mit deinem Geist, damit wir nicht müde werden, nach dir zu suchen und auf dich zuzugehen. Darum bitten wir durch Christus, unsern Herrn. Amen.

Sanctus GL 491 »*Heilig… Herr Gott der Mächte*«
Agnus Dei GL 492 »*Lamm Gottes*«
Kommuniondank Eff 101 »*Mache dich auf und werde licht*« *(Kanon)*

Schlußgebet

Guter Gott. Wir haben einen Moment innegehalten im Adventsstreß. Wir haben nicht an Geschenke und Konsum gedacht. Diese Zeit hat uns gutgetan. Alles ist gut gelaufen heute in dieser Feier. Auch dafür danken wir. Laß uns Weihnachten ausgeruht und sinnvoll feiern, damit jeden von uns etwas von deiner Liebe zu den Menschen erreicht. Wenn uns der Gedanke an den Weihnachtsabend noch belastet, hilf uns auf der Suche danach, wie und wo wir uns holen können, was wir so vermissen. Darum bitten wir durch Christus, unsern Herrn. Amen.

Die Steine des Stephanus

Vorbereitung

- *Tisch mit etlichen Steinen verschiedener Größe*

Hinweis

Das Symbol der Steine soll auf die lebensgefährliche »Begleiterscheinung« des Christemtums aufmerksam machen. Stephanus ist der erste von vielen tausend weiteren Blutzeugen, deren Reihe längst nicht beendet ist.
So könnten die Steine im Laufe weiterer Gottesdienste im Kirchenjahr ihren Platz finden, bei anderen Märtyrerfesten z.B. Nach und nach könnten sie mit konkreten Namen beschriftet werden oder »Stolpersteine« werden, an denen gläubige ChristInnen mit dem Leben bezahlen mußten und müssen.

L: Apg 6,8-10; 7,54-60
E: Mt 10,17-22

Eingangslied GL 616 ***»Mir nach, spricht Christus«***

Einführung

Ein Souvenirhändler steht an seinem Stand. Seine Ware: Steine. Er spricht am besten durch ein Mikrophon.

Kaufen Sie, meine Damen und Herren, kaufen Sie ein! Sie werden doch nicht ohne ein Andenken nach Hause fahren? Sie werden doch nicht ohne ein Geschenk bei Ihren Freunden auftauchen? Kaufen Sie, meine Damen und Herren, kaufen Sie ein! Nichts ist so haltbar und unverwüstlich wie diese Steine!

Sie wollen an der Berliner Mauer gewesen sein? Dann holen Sie sich einen Mauerstein als ewige Erinnerung! Sie wollen den Mount

Everest bestiegen haben? Kaufen Sie hier ein Stück vom höchsten Gipfel der Welt! Sie wollen die Pyramiden besucht haben? Ein Stein aus der Grabkammer wird alle überzeugen!

Ach – Sie waren in Jerusalem? Da habe ich ganz besondere Steine für Sie. Diese hier tragen das echte Blut eines echten Märtyrers. Ja, Sie haben es erraten. Es sind dieselben Steine, die dem heiligen Stephanus den Tod brachten.

Kyrie

1. Menschen können brutal sein, können Steine werfen. Du aber mahnst zur Besinnung. Herr, erbarme dich.
2. Menschen können sensationslustig sein, können jedem Unglück tatenlos zusehen. Du aber mahnst zur Umkehr. Christus, erbarme dich.
3. Menschen können geringschätzig sein, können auf Kosten anderer Geschäfte machen. Du aber mahnst zur Wertschätzung. Herr, erbarme dich.

Gloria GL 464 ***»Gott in der Höh sei Preis und Ehr«***

Tagesgebet

Guter Gott. Der heilige Diakon Stephanus, dessen Fest wir heute feiern, mußte erleben, daß sein Dienst für die Menschen bestraft wurde statt belohnt. Er hat den Tod dennoch ohne Anklage ertragen, weil er wußte, daß er sein Leben nicht umsonst in den Dienst Jesu gestellt hatte. Durch seinen Einsatz konnte die christliche Gemeinschaft zu einer Kirche heranwachsen. Laß uns danach fragen, ob wir es wie Stephanus ertragen könnten, gesteinigt zu werden statt anerkannt. Darum bitten wir durch Christus, unsern Herrn. Amen.

Lesung

liest der Souvenirhändler. Seine Vorbemerkung:

Es ist an der Zeit, daß Sie mehr erfahren. Sie sollen wissen, was die Bibel über Stephanus sagt und was genau geschehen ist:

Zwischengesang GL 521 ***»Herr, gib uns Mut zum Hören«***

Die Steine des Stephanus / Fürbitten

Wieder beginnt der Souvenirhändler. EinE TeilnehmerIn mischt sich jedoch ins Gespräch ein:

S Kaufen Sie, meine Damen und Herren, kaufen Sie ein!

T Entschuldigen Sie mal. Das glaubt Ihnen doch keiner. Niemals sind das die Steine des Stephanus!

S Doch, ganz sicher. Ehrenwort.

T Sie wollen mich wohl für dumm verkaufen. Alles andere ist doch auch nur Bauernfängerei: Steine vom Mount Everest, von den Pyramiden, von der Berliner Mauer...

S Na ja, *das* gehört zum Geschäft. Davon lebe ich. Im Grunde weiß das jeder, trotzdem kaufen die Leute fleißig. Die Steine des Stephanus...

T ... sind dieselbe Kategorie. Lauter Fälschungen.

S Die Steine des Stephanus sind echte Steine. Das Blut läßt sich schließlich überprüfen.

T Und? Von welchem Rindvieh stammt es?

S Von einem »Rindvieh«, das es gewagt hatte, für eine bessere Welt auf die Straße zu gehen, und dafür von der Stasi verhört und gefoltert wurde. Von einem Menschen, der in Chile eines Tages spurlos verschwunden war und heute längst nicht mehr lebt. Von einem Menschen, der in Peking hingerichtet wurde, weil er für die Freiheit eingetreten war. Und von einem Menschen, der wegen seiner Abstammung im Konzentrationslager der Nazis erschlagen wurde.

T *(sichtlich bestürzt)* Sie meinen...

S Ich meine, daß es wenig Unterschied macht, ob ein Stein aus den Pyramiden oder vom Gipfel des Mount Everest stammt, wenn nur einer etwas damit verbinden kann. Mit den Dingen der Erinnerung muß man etwas verbinden, dann werden sie, was sie sind.
Ebenso wenig Unterschied macht es, ob die Steine hier von Stephanus sind oder nicht. Das Schicksal des Stephanus ist kein Einzelfall. Jeder, der für den Glauben eintritt und dafür mit seinem Leben bezahlt, folgt Stephanus nach. Alle diese Steine sind es wert, Steine des Stephanus zu heißen. Das Blut darauf verbindet den

ersten der Märtyrer mit all denen, die ihr Leben so gelassen haben wie er.

T Und Stephanus selbst lebte sein Leben wie Jesus Christus.

S Also kommen Sie, helfen Sie mir. Wenn wir nun das Abendmahl feiern und an Jesu letzte Nacht denken, dann dürfen diese Steine nicht fehlen. Legen wir sie auf den Altar, zur Erinnerung an die, die Jesus bis in den Tod gefolgt sind.

(T und später S treten für die Fürbitten mit den Steinen an den Ambo.)

T Ich bitte für alle, die ihres Glaubens wegen verfolgt und getötet werden. Gott, laß sie nicht vergeblich sterben. *(T trägt die erste Hälfte Steine zum Altar und legt sie dort zum Halbkreis aus.)*

S Ich bitte für alle, die nicht an Christus glauben und dennoch ähnlich wie er für Menschenrechte und Toleranz eintreten. Gott, laß sie trotz Rückschlägen Erfolg haben. *(S trägt die zweite Hälfte Steine zum Altar und ergänzt den Kreis.)*

T Ich bitte für alle, denen Brot zum Leben fehlt. Gott, laß sie Menschen wie Stephanus finden, die sich um sie sorgen. *(T bringt das Brot.)*

S Ich bitte für alle, denen Kraft und Mut fehlen, für Gerechtigkeit zu streiten. Gott, laß sie Menschen wie Stephanus finden, die sie darin bestärken und ihnen Vorbilder sind. *(S bringt den Wein.)*

Gabengebet

s. Meßbuch Hl. Stephanus

Sanctus Eff 45 »***Heilig… Herr, unser Gott, du bist heilig***«
Agnus Dei GL 470 »***O Lamm Gottes unschuldig***«
Kommuniondank Eff 88 »***Bleib bei uns, Herr, mit all deiner Gnade***«

Schlußgebet

s. Meßbuch Hl. Stephanus

Das Wort ist Fleisch geworden

Der Evangelist Johannes

Vorbereitung

- *Meterstab*
- *die Maße der Kirche/des Gottesdienstraumes sollten bekannt sein*
- *die Texte von Lesung und Evangelium sind mit Lebensmittelfarbe auf ein Blatt eßbares Papier geschrieben(geht am besten mit einer Glasfeder)*

Hinweis

Das Johannes-Evangelium nimmt unter den Evangelien eine Sonderstellung ein, man vermutet weitreichende Redaktionen und bisweilen gar einen gnostischen Ursprung. So bleibt letztendlich umstritten, ob der Evangelist auch wirklich der Apostel war, und sogar, was im Evangelium wirklich vom Evangelisten Johannes geschrieben wurde. Daß die Offenbarung, das letzte Buch der Bibel, nicht von diesem Johannes ist, gilt als sicher.
Wichtig sind aber letztlich nicht Verfasserfragen, sondern der Inhalt der Schriften. Das will der Gottesdienst vermitteln.

L: Joh 1,1-4
E: Joh 1,1-14

Eingangslied GL 624 ***»Auf dein Wort, Herr«***

Einführung

Mit einem Meterstab ausgerüstet, betritt nach der liturgischen Begrüßung einer den Raum und beginnt, ihn auszumessen (Länge und Breite, Höhe angedeutet; die Maße sollten ihm aber vorab schon bekannt sein) – er läßt sich nicht beirren, auch wenn der Leiter / die Leiterin (L) ihn mehrfach anspricht und mit Hinauswurf droht.

Wenn der seltsame Gast (G) mit seiner Messung fertig ist, verläßt er kommentarlos den Raum.

L: Nach diesem Schauspiel wollen wir uns wieder dem Anlaß widmen, der uns zusammengeführt hat: wir feiern das Fest des Apostels und Evangelisten Johannes. Von ihm gibt es einige schriftliche Zeugnisse im Neuen Testament, nicht nur das Evangelium, das vierte neben Matthäus, Markus und Lukas. Ihm werden auch drei Briefe zugeschrieben und – was aber wahrscheinlich nicht stimmt – die »Offenbarung« am Ende der Bibel.

Der Gast mit dem Meterstab betritt wieder den Raum und bemächtigt sich des Mikrophons. Laut beginnt er, die Gottesdienstbesucher zu zählen.

L: Was soll das? Was machst du hier die ganze Zeit schon?

G: Mir wurde ein Meßstab gegeben, der aussah wie ein Stock, und mir wurde gesagt: Geh, miß den Tempel Gottes und den Altar, und zähle alle, die dort anbeten! *(Offb 11,1)*

L: Das ist ein Satz aus der Offenbarung des Johannes, nicht wahr?

G: Ja.

L: Was hat der denn hier verloren? Was willst du damit sagen?

G: Unsere Kirche mißt *(hier werden die Originalmaße eingefügt)*. Für *(Zahl der GottesdienstbesucherInnen)* ist das ein bißchen groß. Das Verhältnis stimmt nicht mehr. Außerdem müßten heute mehr Leute hier sein. Die Gemeinde ist viel größer.

L: Ich bin froh, daß so viele da sind.

G: Aber es könnten immer noch ein paar mehr sein.

L: Bist du heute der Seher Johannes?

G: Nein. Ich will nur sagen, daß Johannes genug gesehen hat, die Zustände von damals und die Zustände von heute auch gleich mit. Da hat sich scheinbar nicht viel geändert.

L: Wir feiern heute Johannes, den Evangelisten, nicht den Seher...

G: Ist denn das so wichtig? Muß man nicht erst »sehen« und »hören«, damit man schreiben kann?

Kyrie

Wollen wir nachdenken darüber, ob *wir* zuerst sehen und hören, bevor wir etwas von uns geben, ob wir nicht unbequeme Worte übersehen und überhören, statt sie uns »hinter die Ohren« zu schreiben.

1. Manchmal benutzen die Menschen falsche, einflußreiche Namen: Sie nennen sich »Doktor«, sie lassen sich gegen viel Geld von Grafen und Prinzen adoptieren, sie berufen sich auf den Bundeskanzler, den Papst und den Herrgott – damit man sie wichtig nimmt. Machen wir uns wichtig oder sind wir wichtig? Herr, erbarme dich.
2. Manchmal tun Menschen spektakuläre Zeichen: Sie verschicken Briefbomben, sie erpressen Supermärkte, sie bringen Kinder in ihre Gewalt – damit man sie nicht mehr übersieht. Zeigen wir eine möglichst schöne Fassade oder lassen wir was von uns selber sehen? Christus, erbarme dich.
3. Manchmal sind die Menschen schnell mit ihrem Urteil: Sie sagen »die Ausländer« und kennen gar keinen persönlich, sie sagen »die da oben« und meinen eigentlich »wir da unten«, sie sagen »du spinnst ja« und dann fliegen die Fäuste – damit man sie für Meinungsmacher hält. Übernehmen wir einfach die Meinung der Mehrheit oder bilden wir uns wirklich eine Meinung? Herr, erbarme dich.

Tagesgebet

Guter Gott. Du hast uns durch den Evangelisten Johannes einen ganz eigenen Zugang eröffnet zum Geheimnis deines ewigen Wortes. Laß uns offenherzig und mit aufmerksamen Ohren erfassen, was er in gewaltiger Sprache verkündet hat. Darum bitten wir durch Christus, unsern Herrn. Amen.
(vgl. Meßbuch)

Lesung

Zwischengesang Eff 17 ***»Schweigen möcht ich«***

Evangelium

Nachspiel

L: Johannes ist ein echter Schriftsteller. Nichts ist ihm so wichtig wie das Wort. Und seine Verkündigung: Das Wort soll weitergehen zu allen Menschen. Die ganze Welt, so kommt es mir vor, soll erfüllt von ihm sein.

G: Das Wort hat auch etwas Sinnliches bekommen. Man kann es nicht nur hören und sehen, sondern sogar anfassen. *(er nimmt das Blatt)* Und man kann noch mehr. In der Offenbarung heißt es, ein paar Zeilen über der Stelle von vorhin mit dem Meterstab: »Und ich ging zu dem Engel und bat ihn, mir das kleine Buch zu geben. Er sagte zu mir: Nimm und iß es! In deinem Magen wird es bitter sein, in deinem Mund aber süß wie Honig.« *(Offb 10,9)*

Das Blatt wird demonstrativ zur ersten Bank gebracht:

Möchte jemand probieren?

Möglicherweise möchte tatsächlich jemand probieren – dann wird das Papier sofort ge- und verteilt, sonst erst nach der Fortsetzung aus der Offenbarung.

»Da nahm ich das kleine Buch aus der Hand des Engels und aß es. In meinem Mund war es süß wie Honig. Als ich es aber gegessen hatte, wurde mein Magen bitter.« *(Offb 10,10)*

Das Blatt wird spätestens jetzt verzehrt, wenn nicht von anderen TeilnehmerInnen, dann von G und L zu gleichen Teilen.

Fürbitten

Nicht alles, was wie Honig aussieht, ist auch wirklich süß. Nicht jede Botschaft ist eine, die uns »schmeckt«. Oft müssen wir uns auch andere Botschaften anhören, und meistens ist es die Wahrheit, die bitter ist und schwer im Magen liegt. Gott, dich bitten wir trotzdem um dein Wort:

1. Wir hören Worte von Krieg und Gewalt. Wir hören gleichzeitig endlose Versprechungen und schöne Reden. Wir wollen aber die Wahrheit hören. Wir bitten dich um ein wahres Wort, woran wir uns in dieser Welt halten sollen.
2. Wir hören so viele Worte und sehen gleichzeitig so wenig Taten. Wir wollen, daß die Worte durch Taten bestätigt und zu Wirklichkeit werden. Wir bitten dich um den Mut zu Taten, damit die Worte nicht leer bleiben.
3. Wir hören so viele Menschenworte und hören gleichzeitig nicht mehr hin, wenn die Natur ihren ganz anderen Schrei ausstößt. Worte können auch anders aussehen als Menschenworte – und können manchmal viel wichtiger sein. Wir bitten dich um ein offenes Ohr für die Schreie der Natur, der Tiere und der Pflanzen, damit wir den Kontakt zu unserer Lebenswelt nicht verlieren.

Dein Sohn sagt nicht: »Wer einen Mund hat zu reden, der rede«, sondern: »Wer Ohren hat zu hören, der höre.« Laß uns »ganz Ohr« werden für dich und dein Wort, damit unsere Bitten Erfüllung finden können. Darum bitten wir durch Christus, unsern Herrn. Amen.

Offertorium Eff 36 ***»Wenn wir das Leben teilen«***

Gabengebet

Guter Gott. Der Seher Johannes hat dein Wort in sich aufgenommen wie eine Speise. Der Evangelist Johannes hat uns verkündet, daß dein Wort lebendig geworden ist und unter uns gelebt hat. Mit den Ohren haben wir dein Wort aufgenommen, wie der Evangelist es niedergeschrieben hat – es dringt hoffentlich zu unseren Herzen vor. Komm nun in Brot und Wein zu uns, daß wir dich wie der Seher auch als Speise aufnehmen auf dem Weg zum ewigen Leben. Darum bitten wir durch Christus, unsern Herrn. Amen.

Sanctus Eff 47 ***»Heilig, heilig bist du« (Kanon)***
Agnus Dei GL 877 ***»Mein Heiland, Herr und Meister« (Schubert)***
Kommuniondank Eff 93 ***»Uns verpflichtet dein Wort«***

Schlußgebet

Guter Gott. Der heilige Apostel Johannes hat deinen Sohn verkündet als das Wort, das Fleisch geworden ist. Gib, daß Christus durch diese Feier immer in uns wohne, damit wir ganz erfüllt sind von deiner Gegenwart. Erinnere uns in jeder Feier neu, daß wir nicht vom Brot allein leben, sondern von jedem Wort, das aus deinem Mund kommt. Darum bitten wir durch Christus, unsern Herrn. Amen.
(vgl. Meßbuch)

Ins gute neue Jahr
Wortgottesdienst zum Jahreswechsel

Vorbereitung
- *Ideal ist ein Sitzkreis*
- *gelbes oder braunes Tuch*
- *für jedeN eine Leuchtrakete, dazu Papier, Stifte und Klebestreifen*
- *größeres Gefäß (z.B. Bodenvase; zum Aufnehmen der Raketen)*
- *Körbchen mit ausreichend eßbaren Samenkörnern (Kürbis-, Sonnenblumenkerne, evtl. Getreide)*

Hinweis
Es bietet sich an, den Beginn dieses Gottesdienstes so zu wählen, daß sein Ende mit dem Jahreswechsel zusammenfällt. 23.15 Uhr paßt gut.

L: Spr 6,6-8
E: Lk 8,5-15

Eingangslied Eff 14 *»Ehre, Ehre sei Gott« (Kanon)*

Einführung
In der Kreismitte ist ein gelbes oder braunes Tuch ausgebreitet, in dessen Zentrum das Lektionar liegt.
Die letzten Minuten des alten Jahres wollen wir zusammen verbringen. Es ist dies eine Zeit zum Erinnern und Nachbessern, zum Verabschieden und Loslassen. Die Sektgläser stehen bereit, bald heißt es: Auf ein neues.

Viele schlaue Köpfe haben ihre Werke, Kompositionen oder Bücher abgeschlossen mit dem Kürzel: SDG. Das bedeutet »Soli Deo Gloria« – »Allein zur Ehre Gottes«. Wenn nun wir das Kapitel dieses Jahres zu- und ein neues aufschlagen, dann wollen wir das ebenfalls allein zur Ehre Gottes tun.

Kyrie

Jeder erhält eine Leuchtrakete, Papier und einen Stift.

1. Herr erbarme dich. Aber – über was?
2. Christus, erbarme dich. Aber – über wen?
3. Herr, erbarme dich. Aber – was braucht es dein Erbarmen?

Wollen wir das »Herr, erbarme dich« nutzen. Du findest sicher etwas, was an dieser Stelle nicht fehl am Platz ist, was das Erbarmen des Herrn braucht. Da war vielleicht einiges, was »der Abschuß« war, womit du jemanden »abgeschossen« hast, wo du einfach »explodiert« bist.

Nimm dein Papier zur Hand, laß dich darauf ein. Befestige es mit all dem, was du noch in diesem Jahr loswerden willst, an deiner Rakete. Beruhigt wollen wir sie nach dieser Feier zum Abschuß freigeben – und schon jetzt dem Erbarmen des Herrn überlassen.

Wenn alle geschrieben haben:

1. Über alles Explosive, über allen Jähzorn und allen Eifer – Herr, erbarme dich.
2. Über alles Unterlassene, über alles Schweigen und Zuschauen – Christus, erbarme dich.
3. Über alles Falsche, über alles Getuschel und alle Heuchelei – Herr, erbarme dich.

Die Raketen werden jetzt in dem großen Gefäß gesammelt und beim Lektionar in der Kreismitte abgestellt.

Tagesgebet

Barmherziger Gott, in jeder Not bist du unsere Hilfe. Du hast uns im vergangenen Jahr auf unseren Wegen begleitet. Bleibe bei uns mit deinem Schutz. Gib uns, was wir für dieses vergängliche Leben brauchen, und führe uns einmal zur ewigen Vollendung bei dir. Darum bitten wir durch Christus, unsern Herrn. Amen.

(vgl. Meßbuch: 31. Dezember, Schlußgebet)

Lesung

Evangelium

Die Ernte eines Jahres

Das gelbe (oder braune) Tuch erhält nun seine Deutung: Es ist das Feld unserer Ernte. Die Kerne werden darauf »ausgesät«, um das Lektionar herum.

Die Erntezeit ist eigentlich längst vorbei. Längst müßten unsere Scheunen und Speisekammern wohl gefüllt sein.

Heute schauen wir gemeinsam nach, was wir alles einfahren können, nach einem ganzen Jahr. Denn du hast auch eine gute Aussaat vorzuweisen, nicht nur etwas, das das Erbarmen des Herrn braucht.

Überlege ehrlich und ohne falsche Bescheidenheit für dich: Was habe ich gut gemacht dieses Jahr? Gehe dann in die Mitte und nimm für jeden guten Teil dieser Ernte ein Samenkorn von unserem »Feld«. Halte deine Samenkörner in der Schale deiner Hände.

Fürbitte

Herr, unser Gott. Was wir in diesem Jahr durch Wort und Werk an Gutem ausgesät haben, das laß Wurzel schlagen und wachsen und heranreifen für die ewige Ernte. Darum bitten wir durch Christus, unsern Herrn. Amen.

(vgl. Stundenbuch: Komplet, Montag, Oration)

Die Kerne werden jetzt gegessen.

Fürbittlied Eff 28 »***Wir bitten dich, erhöre uns***«

VaterUnser

Friedensgruß

Der Friede des Herrn sei mit euch.

(A: Und mit deinem Geiste.)

Wir wollen einen Augenblick innehalten, jetzt, da wir uns die Hände reichen sollen.

Vielleicht ist das, was auf deiner Rakete steht, noch nicht alles? Vielleicht kann etwas davon direkt angesprochen werden?

Wo steht noch etwas zwischen uns, wo gibt es noch etwas zu bereinigen, bevor das Jahr zu Ende ist?

– Wollen wir in diesem Sinn aufeinander zugehen. Mit mehr vielleicht als nur einem leicht gesagten »Der Friede sei mit dir«.

Neujahrsgebet (T 10)

Die kursiv gesetzten Abschnitte können einzeln auf Blätter geschrieben werden. Sie können in ausreichender Zahl ausgelegt werden, so daß jedeR TeilnehmerIn eines auswählen und vorlesen kann.

Schlußlied GL 158 »***Lobpreiset all zu dieser Zeit***«
oder Eff 88 »***Bleib bei uns, Herr, mit all deiner Gnade***«

(Im Anschluß an die Feier werden die Leuchtraketen in den Himmel geschossen.)

Ein Frauenleben

Wortgottesdienst zum Hochfest der Gottesmutter

Vorbereitung
- *Hörspiel (s. Einführung)*
- *2 Diaprojektoren, 2 Leinwände*
- *Dias wie angegeben (Hörspiel, Marienleben)*
- *das Magnificat (Einheitsübersetzung) wird auf 120 numerierte Kärtchen aufgeteilt: pro Wort ein Kärtchen*
- *auf die Rückseite der ersten 3 Kärtchen kommen die Fürbitten*

Hinweis
Das »Marienleben« kann auch separat eingesetzt werden – z.B. im Rahmen einer Mai-Andacht.
Die Magnificat-Wort-Karten sollten vor Beginn der Feier verteilt werden (je nach Teilnehmerzahl auch mehrere an eine Person).

L: Marienleben
E: *in die Lesung sind verschiedene Evangelientexte integriert*

Eingangslied Eff 243 ***»Magnificat« (Kanon)***
oder GL 927 ***»Nun, Brüder, sind wir frohgemut«***

Einführung

Ein Hörspiel
Personen: Cyrill, Bischof von Alexandrien (C); Memnon, Bischof von Ephesus (M)
Cyrill ist bei Memnon zu Gast. Sie erinnern sich an das Konzil, das vor Jahren in Ephesus stattgefunden hatte (431). Dabei gehen sie der Frage nach, warum es gerade in diese *Stadt einberufen worden war.*
(Gezeigt werden zwei Dias: die Diana-Statue aus Ephesus, möglichst in schwarz-weiß, und eine farbige Madonna mit Kind; die Madonna könnte über die Diana geblendet werden und diese schließlich ersetzen.)

Im Hintergrund hört man ab und zu Eß- und Trinkgeräusche, Gläser-Einschenken etc.

C Das freut mich, daß ich nach all den Jahren wieder bei dir sein darf.

M Ja, damals hatten wir nicht viel Zeit, auf dem Konzil.

C Wie lange ist das her?

M Zwanzig Jahre, mein Lieber! 431 war unsere Versammlung.

C So lange schon wieder! Damals hatten wir viel Ärger am Hals. Beinahe hätte es dich deinen Bischofsstuhl gekostet – hier im schönen Ephesus.

M Und dich den deinen in Alexandrien! Alles wegen diesem Nestorius.

C Er hat seine Verbannung verdient. Reden wir nicht mehr von ihm. – Dein Wein schmeckt vorzüglich.

M Möchtest du noch?

C Ja, gern.

M Es ist schon komisch – wie man wegen einer Frau so streiten kann.

C Nicht so komisch, wenn es sich bei der Frau um die Gottesmutter handelt!

M Es war eine schlaue Entscheidung unseres Kaisers, das Konzil hierher nach Ephesus zu rufen.

C Wie meinst du das? Damit du keine weite Reise hattest nach sonstwohin?

M Bequem war ich doch schon immer... Spaß beiseite. Ephesus war vor gar nicht allzu langer Zeit das größte Heiligtum der Göttin Diana – du weißt sicher: die alte griechisch-römische Göttin der...

C ... der Jagd und der Fruchtbarkeit. Ja, ich weiß. Man hat den Tempel zwar zerstört, aber es soll noch Anhänger und sogar Priesterinnen geben. Die Statue der Göttin haben sie verstecken können. Der Kult um Diana muß sehr stark gewesen sein.

M Richtig. Und da kommen wir mit unserem Christentum. Gott ein Mann, Christus ein Mann, die Priester und Bischöfe alles Männer... Da kannst du dir denken, daß man Diana nicht so schnell vergessen will.

C Eine Frau ist da doch ganz was anderes. Manchmal geht sie mir auch ab, obwohl ich Bischof bin und ehelos lebe.

M Da war es eben kein schlechter Gedanke, ein Konzil über Unsere Liebe Frau, die selige Gottesmutter, gerade hier abzuhalten. Weibliches haben *wir* auch zu bieten! Schließlich hat Gott sich nicht an der Frau vorbeigedrückt.

C Du sagst wichtige Dinge. Gott hat sich Maria ausgesucht, um geboren zu werden wie wir alle. Er wollte ganz Mensch werden und eine Mutter haben.

M Und dabei trotzdem ganz Gott bleiben.

C Das hat Nestorius damals nicht kapiert. Für ihn war es schlicht unmöglich, daß eine Frau den wahren Gott empfängt.

M Für ihn war Jesus nur ein Mensch, in dem Gott gewohnt hat wie in einem Haus.

C Bezugsfertig hingestellt von Maria. Doch Maria hat uns gleich von Anfang an nicht nur den Menschen geschenkt, sondern auch den wahren Gott. Sie hat *Gott* geboren.

M Damit darf sie ruhig die Stelle der Diana einnehmen – da geht uns nichts verloren.

C Wir haben sogar dazugewonnen: eine, die nicht Göttin ist, weit weg von uns Menschen…

M … sondern eine, die eine einfache Frau geblieben ist, eine von uns.

C Wer nicht bekennt, daß Jesus wahrhaftig Gott und deshalb die heilige Jungfrau Gottesgebärerin ist, der sei aus der Kirche ausgeschlossen. *(Konzil von Ephesus, 431)*

M Das war ein gesalzener Brief, in dem du das eben geschrieben hast.

C Damit habe ich dem Nestorius ganz schön die Suppe versalzen.

M Und jetzt sitzt er in der Wüste und löffelt sie aus.

C Na dann, guten Appetit.

Kyrie

1. Du bist vom Himmel herabgestiegen. Herr, erbarme dich.
2. Du hast unser Leben ganz geteilt. Christus, erbarme dich.
3. Du hast in Maria eine Mutter und eine treue Begleiterin gefunden. Herr, erbarme dich.

Tagesgebet

s. Meßbuch

Lesung

Marienleben in zwölf Bildern. Rollen: zwölf Monate (S), Maria (M), Evangelist (E); dazu je ein passendes Dia für den Monat (im einen Projektor) und die Station aus dem Marienleben (im anderen Projektor).

1. Bild: Januar – Mariä Geburt

S Ich bin Januar, der Beginn des Jahres, der Beginn der Geschichte. Es herrscht tiefer Winter. Dennoch bricht etwas Neues an, etwas, das den Lauf der Welt verändern wird:

E Eine junge Frau ist geboren. Ich berichte von ihr.

M Mein Name ist Maria. Auf meine Niedrigkeit und Armut hat der Herr geschaut.

E Deshalb hören von ihr die Menschen heute noch, alle, von Generation zu Generation.

2. Bild: Februar – Verkündigung

S Ich bin Februar. Der Fasching bringt sein närrisches Treiben, die Menschen sind des Winters überdrüssig. Eine leise Stimme ergeht an die Welt, im Lärm wird sie überhört. Nur *eine* hört sie:

E Fürchte dich nicht, Maria, denn du hast bei Gott Gnade gefunden. Du wirst ein Kind empfangen, einen Sohn wirst du gebären.

M Ich bin die Magd des Herrn; mir geschehe, wie du es gesagt hast.

E Danach verließ sie der Engel. *(nach Lk 1,26ff.)*

3. Bild: März – Geburt Jesu

S Ich bin März. Der Schnee taut auf zum ersten Mal. Zum ersten Mal treiben Blüten aus der harten Erde. Der Frühling bricht an. Neues Leben entsteht:

E So zog auch Joseph hinauf in die Stadt Davids, die Betlehem heißt. Er wollte sich eintragen lassen mit Maria, seiner Verlobten. Als sie dort waren, kam für Maria die Zeit der Niederkunft.

M Ich gebar meinen Sohn, den Erstgeborenen. Ich wickelte ihn in Windeln und legte ihn in eine Krippe, weil in der Herberge kein Platz für uns war.

E Verherrlicht ist Gott in der Höhe, und auf Erden ist Friede bei den Menschen seiner Gnade. *(nach Lk 2,4ff.)*

4. Bild: April – Darstellung des Herrn

S Ich bin April. Der Frühling hat Einzug gehalten, aber immer wieder kehrt der Winter zurück. Die Natur ist unschlüssig. Die Menschen sind unruhig, hin- und hergerissen. Jesus braucht einen sicheren Lebensweg. Deshalb bringt Maria ihn in den Tempel:

E Sie brachten das Kind nach Jerusalem hinauf, um es dem Herrn zu weihen.

M Mir sind Simeon und Hanna begegnet. Von ihnen habe ich Gewißheit: Jesus ist das Licht der Welt, der Retter. Doch mir wird ein Schwert durch die Seele dringen. Was meint Simeon?

E Das Kind wuchs heran und wurde kräftig; Gott erfüllte es mit Weisheit, und seine Gnade ruhte auf ihm. *(nach Lk 2,22ff.)*

5. Bild: Mai – Die Hochzeit zu Kana

S Ich bin Mai. Die Welt steht in voller Blüte, alles ist frisch. Der Frühling wirkt Wunder und macht die Menschen fröhlich. Es wird Zeit, daß Jesus seine Wunder wirkt und die Menschen froh macht darüber, daß es ihn gibt:

E In Kana fand eine Hochzeit statt, und die Mutter Jesu war dabei. Auch Jesus und seine Jünger waren eingeladen. Doch der Wein ging aus.

M Sie haben keinen Wein mehr, Jesus. Tu etwas für sie. Ich weiß, du willst nicht, doch deine Zeit ist da. Ihr Diener, tut, was er euch sagt.

E Man kostete das Wasser und staunte, denn es war zu Wein geworden. So tat Jesus sein erstes Zeichen. *(nach Joh 2,1ff.)*

6. Bild: Juni – Von den wahren Verwandten Jesu

S Ich bin Juni. Die Wärme der Tage lädt ein zum Aufbruch. Es reift nun heran, was geerntet werden wird. Die Blüten fallen ab, die Früchte entstehen. Die Natur ist erwachsen geworden. So hat auch Jesus Abschied genommen:

E Einmal saßen viele Leute um Jesus herum und hörten ihm zu. Da sagte man zu ihm: Deine Mutter und deine Brüder stehen draußen und fragen nach dir. *(nach Mk 3,32)*

M Ich höre dich noch antworten: Wer ist meine Mutter? Das hat mir wehgetan. Doch ich habe gespürt: Ich darf dich nicht festhalten.

Du mußt deinen Weg gehen. Du brauchst mich nicht mehr täglich. Aber ich werde da sein, wenn du mich brauchst.

E Wer den Willen Gottes erfüllt, der ist für mich Bruder und Schwester und Mutter. *(Mk 3,35)*

7. Bild: Juli – Maria am Kreuzweg

S Ich bin Juli. Mit mir beginnt die zweite Hälfte des Jahres. Der Höhepunkt ist vorbei. Die Tage werden wieder kürzer. Nur: wer denkt schon gern an den Abstieg? Doch da nimmt einer schon das Kreuz auf sich und tritt seinen letzten Weg an, seinen Abstieg.

E Als sie Jesus hinausführten, folgte eine große Menschenmenge, darunter auch Frauen, die um ihn klagten. *(nach Lk 23,27)*

M Du sprichst: Weint nicht um mich. Ich aber weine. Ich fühle jetzt, was Simeon einst sagte. Ich fühle jetzt das Schwert durch meine Seele dringen.

E Sie kamen zur Schädelhöhe; dort kreuzigten sie ihn. *(Lk 23,33)*

8. Bild: August – Tod am Kreuz

S Ich bin August. Der Mittag drückt. Die letzte Hitze flimmert. Der Anblick des Todes treibt den Schweiß aus allen Poren.

E Jesus rief laut: Vater, in deine Hände lege ich meinen Geist. *(Lk 23,46)*

M Ich bin mit dir verurteilt. Ich bin verurteilt zum Zuschauen, zur Untätigkeit. Ich leide dennoch dieselben Qualen. Das ist das Schwert des Simeon, ein tödliches Schwert. Nichts kann ich tun. Am liebsten würde ich für dich sterben.

E Nach diesen Worten hauchte er den Geist aus. *(Lk 23,46)*

9. Bild: September – Pietá

S Ich bin September. Endlich fährt man die Ernte ein, den Ertrag eines Jahres. Wir stehen bei der Mutter Jesu. Sie hält eine andere Ernte auf ihrem Schoß, eine Ernte, deren Samen sie einst selber in sich trug.

E Joseph aus Arimathäa bat Pilatus um den Leichnam Jesu. Und er nahm ihn vom Kreuz. *(nach Lk 23,52-53)*

M Dazu also bist du auf die Welt gekommen – um mir solchen Schmerz zuzufügen. Dein Weg war zielstrebig. Ist das dein Ende?

Ich habe einen Toten in meinen Armen. Die mit Tränen säen, werden mit Freuden ernten, sagt die Schrift. Wenn das Weizenkorn nicht in die Erde fällt und stirbt, bringt es keine Frucht, hast du selbst einmal gesagt. Ist dieses Ende vielleicht ein Anfang?

E Die Frauen, die mit Jesus aus Galiläa gekommen waren, gaben ihm das Geleit und sahen zu, wie der Leichnam in das Grab gelegt wurde. *(Lk 23,55)*

10. Bild: Oktober – Die Botschaft von der Auferstehung

S Ich bin Oktober. Der »Goldene«. Die Blätter sind gefärbt, mit warmen Strahlen hat der Herbst begonnen. Versöhnlich geht die Natur ihrem Ende entgegen. Jetzt ist *ihr* Abstieg. Doch in allem liegt die Gewißheit, die Maria am Grab erfahren hat:

E Nach dem Sabbat kamen in der Morgendämmerung die Frauen, um nach dem Grab zu sehen. Plötzlich kam ein Engel vom Himmel herab und wälzte den Stein weg. Er sagte zu den Frauen: Ich weiß, ihr sucht Jesus. Er ist nicht hier, denn er ist auferstanden. *(nach Mt 28,1-6)*

M Die Botschaft war unglaublich. Doch der Engel betrügt uns nicht. Wir eilten, um es allen zu sagen. Schon nach wenigen Schritten stand Jesus selbst vor uns. Er sprach ein Wort, das ich gut kannte. Damals hatte es mir ein Engel gesagt: Fürchte dich nicht.

E Seid gewiß: Ich bin bei euch alle Tage bis zum Ende der Welt. *(Mt 28,20)*

11. Bild: November – Maria, die Mutter der Apostel

S Ich bin November. Der Monat der Toten. Grau und neblig ist es, Dunkelheit bricht früh herein. Weit weg ist jeder Frühling. Die an die Auferstehung glauben, werden ausgelacht. Sie schließen sich ein. Im Winter ist kein Platz für Geschichten vom Leben. Bis…

E … plötzlich vom Himmel her ein Brausen kam, wie wenn ein heftiger Sturm daherfährt, und das ganze Haus erfüllte, indem die Jünger waren und die Mutter Jesu. *(nach Apg 2,2)*

M So spricht Gott: Ich werde meinen Geist ausgießen über alle Menschen. Eure Söhne und Töchter werden Propheten sein, die Jungen werden Visionen haben, die Alten werden Träume haben. *(Apg 2,17)* – Ich träume von einer Kirche, in der alle zu Hause sein können. Geht hinaus in alle Welt, denn Jesus hat euch ausgesandt.

E Denn euch und euren Kindern gilt die Verheißung und all denen in der Ferne, die der Herr, unser Gott, herbeirufen wird. *(Apg 2,39)*

12. Bild: Dezember – Tod und Aufnahme Mariens in den Himmel

S Ich bin Dezember. Mit mir kehrt der Schluß des Jahres und der Geschichte ein. Doch nach mir folgt ein neuer Januar. Auch für Maria soll das Ende nur ein neuer Anfang sein.

E Die junge Frau ist alt geworden. Sie hat mit ihrem Sohn gelebt und gelitten. Sie hat sein Erbe bewahrt.

M Gebt acht auf euch und auf die ganze Herde, damit ihr als Hirten für die Kirche Gottes sorgt. *(Apg 20,28)*

E Sie legten Maria in ihr Grab, doch als sie wieder hineinblickten, waren nur noch Rosen darin. Maria hat bei Gott ihren Platz gefunden.

S Die Kirche geht ihren Weg durch die Zeit, durch all die Jahre, durch Sommer voller Tod und Winter voller Auferstehung, bis zu dem Tag, der der letzte sein wird.

Antwortgesang Eff 243 (wiederholt)
oder GL 576 ***»Freu dich, du Himmelskönigin«***

Fürbitten/Magnificat

An die TeilnehmerInnen wurden zu Beginn des Gottesdienstes 120 numerierte Kartontäfelchen mit je einem Wort darauf ausgegeben.
Die ersten drei Nummern enthalten auf ihrer Rückseite auch die Fürbitten.

Guter Gott. Du hast Maria nach einem ereignisreichen Leben in den Himmel aufgenommen. Sie war deine Mutter auf Erden und bleibt es auch im Himmel. Zu dir, der du den Menschen alles Gute vergiltst, kommen wir mit unseren Bitten:

1. **Meine.** Ich achte auf *meine* Gesundheit, auf *meinen* Vorteil, auf *meinen* Gewinn. Damit bin ich so egoistisch wie viele Menschen heute. Herr, hilf mir, daß ich auch den anderen nicht übersehe. Zeige mir, daß du es bist, der in den anderen zu mir kommt. Laß mich nach dem Vorbild der Maria leben: Sie hat nicht auf sich geschaut, sondern auf das, was du ihr versprochen hast.

2. **Seele.** Wichtig ist doch heute der Körper, die Muskeln und all das, was man besitzt und vorzuweisen hat. Intelligenz zählt mehr als Gefühl. Dabei täte ich gut daran, wenn ich öfter auf mein Gefühl hören würde, wenn ich etwas für meine Seele täte. Herr, laß mich spüren, daß du mir Geist *und* Seele geschenkt hast. Laß mich nach dem Vorbild der Maria leben: Sie hat auf ihr Herz gehört, auch wenn es manchmal weh getan hat.
3. **Preist.** Was fangen wir heute an mit altertümlichen Worten? Wir hören »Preis« und denken an Geld. Wer »preist« heute noch wen? Es ist lange vorbei, daß die Menschen dich, Gott, »lobten und priesen«. Herr, hilf mir, daß ich eigene Worte finde für das, was ich dir sagen will. Laß mich nach dem Vorbild der Maria mit dir und von dir reden: Sie hat gesagt, was sie dachte und fühlte, ohne Berechnung und ohne Furcht.

Das Gebet der Maria halten wir in unseren Händen. Es sind Bruchstücke, denn oft wissen wir nicht, wie wir wirklich beten sollen. Vielleicht spricht uns eines der Worte an, vielleicht beten wir ganz von selbst mit ihm weiter, vielleicht ist das ganze Gebet der Maria für das geeignet, was wir dir sagen wollen.

Alle werden eingeladen, ihre Wort-Tafeln auszulegen, in der richtigen Reihenfolge den Mittelgang entlang. Anschließend ist eine Zeit, den langen Text in Stille abzugehen und zu lesen. Die Worte haben das Magnificat gebildet. Wenn alle wieder Platz genommen haben:

Wir beten/singen gemeinsam:

Magnificat GL 689 »Meine Seele preist die Größe des Herrn«

Friedensgruß

Schlußgebet

Guter Gott. Wir haben heute an die selige Jungfrau Maria gedacht und sie als Mutter deines Sohnes und Vorbild der Kirche gefeiert. Laß uns ihr Leben und ihre Erlebnisse Wegweiser sein, die zum ewigen Leben führen. Darum bitten wir durch Christus, unsern Herrn. Amen.

Die Könige aus Überall

Erscheinung des Herrn

Vorbereitung

- *Fünf Karten mit den Namen der Kontinente werden den fünf Königen angeheftet*
- *Ein großes Plakat (DIN A 1), darauf ein Weg, zerschnitten in sechs Teile (der letzte Teil erhält ein Fragezeichen)*
- *Flipchart o.ä. zum Aufhängen der Plakatteile funktionstüchtiger Fernseher, drei Hocker/Stühle davor*
- *Drei Geschenke für das Predigtspiel: Tuch, Brot(stück) und ein kleines Spiel(zeug)*
- *Buchstabentafeln für das »Alphabet des Friedens« (T 11)*

Hinweis

Ursprünglich war dieser Gottesdienst an einem Weltmissionssonntag gefeiert worden. Die Figuren der Weisen bei Matthäus symbolisieren in unserer Tradition tatsächlich die damals bekannten Kontinente: Aus allen Erdteilen versammeln sich Menschen, um Christus anzubeten. So hat also auch die Weltmission einen legitimen Platz am Drei-Königs-Tag. Zudem findet hier teilweise die Mission – Aussendung – der Sternsinger statt, die die Häuser der Gemeinde besuchen. Eine Aussendung kann sich an diesen Gottesdienst gut anschließen. Die anwesenden Sternsinger könnten beispielsweise das »Alphabet des Friedens« (T 11) unter sich aufteilen.

E: Mt 2,1-12

Stiller Einzug

Einführung / Kyrie

Langsam und aus verschiedenen Richtungen kommen 5 Könige. Neben Kronen und Umhängen tragen sie Schilder mit dem Namen des Kontinents, für den sie stehen. Ein Sternträger gesellt sich hinzu. Sie stellen sich in einer Reihe vor dem Altar auf – erst jetzt folgt das

Eingangslied Eff 140 *»O komm herab, du Heiliger Geist«*

Die Könige stellen sich vor:

1. Die Heiligen Drei Könige gibt es nicht. In Wirklichkeit sind es die Fünf Könige. Damals, als von ihnen geschrieben wurde, waren nur drei Erdteile bekannt: Afrika, Asien und Europa. Heute wissen wir auch von Amerika und Australien. So haben wir auch unsere Namen schon erklärt: Nicht Kaspar, Melchior und Baltasar heißen wir, sondern Afrika, Asien, Europa, Amerika und Australien.
2. Wir sind die ganze Erde. Die Welt bricht auf nach Betlehem, die Welt schaut auf das kleine Kind. Überall feiert man Weihnachten. Weihnachten, das Fest der Liebe, verbindet die Menschen auf der ganzen Welt. Wir Fünf Könige gehören zusammen. Wir haben etwas gegen eine geteilte Erde.
3. Wir sind auf der Suche nach Gott. Wie alle Menschen am Weihnachtsfest. Ob wir ihn finden? Ob uns ein Stern leuchtet? Der Papierstern hier kann es nicht sein. Den müssen wir selber tragen. Den Frieden auf Erden wollen wir finden, keine selbstgemachte Gemütlichkeit. Suchen Sie doch mit in diesem Gottesdienst.
4. Wir sind auf dem Weg nach Betlehem, wo Frieden verkündet wurde. Werden wir ankommen? Werden wir den Frieden finden und ihn mitnehmen können – nach Hause, wo Kriege und Diktaturen, Gewalt und Unrecht herrschen? Wir zeichnen unsere Wege nach in diesen Plakaten. *(Ein Helfer/Ministrant bringt die Plakatteile nach vorn)*
5. Wir haben nicht nur mit Kriegen und Diktaturen zu kämpfen, sondern auch mit unserer eigenen Schuld. Wir wollen deshalb bitten:

Herr, nicht jeder Mensch ist gleich, jeder ist eine Welt für sich. Du liebst uns, wie wir sind. Aber wir respektieren einander oft zu wenig. Herr, erbarme dich.

Herr, Kulturen und Sitten sind verschieden, eigene Welten. In deiner Schöpfung hast du sie alle ermöglicht. Aber wir respektieren die Völker oft zu wenig. Christus, erbarme dich.

Herr, zwischen den Völkern und innerhalb der Völker gibt es Reichtum und Armut. Du willst, daß wir Überschuß und Reichtum miteinander teilen. Aber wir sind geizig. Herr, erbarme dich.

***Wegteil 1** wird jetzt angeheftet.*

Tagesgebet

Guter Gott. Alle Menschen sind dein Ebenbild. Du liebst jeden, weil alle deine Kinder sind. Weil du groß bist, können wir dich nie ganz begreifen. Aber wir haben deinen Stern gesehen und sind auf der Suche nach dir, aus allen Völkern und Erdteilen. Bei dir können wir finden, was wir zum Leben brauchen. Laß uns dir danken, daß wir in jeder Meßfeier ein Stück näher zu dir kommen. Laß uns dir danken in Worten und in Werken. Darum bitten wir durch Christus, unsern Herrn. Amen.

Halleluja Eff 26 »*Gottes Wort ist wie Licht in der Nacht*«

Evangelium

Antwortgesang Eff 26 (wiederholt)

Predigtspiel: Drei andere Könige

Textbegleitete Pantomime.

Der Leser liest vom Ambo aus. Die Spieler – drei der Könige, jedoch ohne Kronen und Umhänge – sitzen anfangs auf drei Stühlen um einen laufenden, stummgeschalteten Fernseher herum.

Sie haben die Geschenke Tuch, Brot und Spiel griffbereit im Kirchenraum deponiert. Eine junge Mutter mit Kind kann man vorab in der Gottesdienstgemeinde ansprechen und ihr Einverständnis erbitten, daß sie »besucht« und beschenkt wird – die Geschenke sollten in diesem Fall wirklich Geschenke sein!

Drei junge Leute sehen wir hier sitzen, drei ganz normale junge Leute.

Wir kennen sie schon, am Anfang sind sie uns begegnet und sagten, sie seien aus verschiedenen Ländern der Erde. Wir können uns vorstellen, daß auch junge Leute anderer Länder so dasitzen wie unsere drei.

Sie sehen fern, ganz normal; einen Kriegsfilm sehen sie – auch ganz normal heutzutage. Und ganz begeistert sind sie, das merkt man gleich. Sie lauschen der Botschaft eines großen Filmemachers. Von einem Führer handelt der Film, von reinrassigen Soldaten, von einem wütenden, blutigen Krieg, der Menschen ausrottet, die weniger wert sein sollen.

Der Film ist sehr spannend, die jungen Leute fühlen mit den Soldaten des Führers. Sie schreien auf, wenn die Feinde aus dem Hinterhalt zuschlagen, sie freuen sich, wenn der Führer sie in die Flucht schlägt. Sie machen mit, wenn die Kanonen feuern. Und am Ende – sind sie selbst reinrassige Soldaten, auf der Suche nach Menschen, die weniger wert sind. Sie träumen von großen Gewehren und vom Hinterhalt der Feinde. Nirgends können sie sicher sein. Wo sitzt der Feind? Da ist er: Zwei junge Leute aus fremden Ländern, sie haben es gewagt, hierher zu kommen. Das geht nicht! Hier dürfen nur reinrassige Soldaten träumen! Ich zeig's dir, der Führer wird dir schon helfen!

Die Kanonen des Kriegsfilms dröhnen, und davor hallen die Schläge der drei Feinde.

Drei junge Leute sahen wir sitzen, drei ganz normale junge Leute.

Wir kannten sie schon, dachten wir. Doch jetzt kennen wir sie gar nicht mehr. Was wir sehen, ist Krieg zwischen drei Völkern, erbittert gekämpft vor den Augen eines Führers. Und der Kampf geht nur zu Ende, weil die Kräfte nachlassen. Die Kanonen des Kriegsfilms dröhnen, und davor liegen die drei Feinde erschöpft am Boden.

Eine Weile bleiben sie regungslos – Zeit zum Nachdenken. Und tatsächlich: Es geht ihnen ein Licht auf. Ihre Wunden schmerzen, sie sehen sich an. Auch die Wunden der anderen schmerzen. Sie erinnern sich, wie sie gemeinsam saßen. Sie erinnern sich, wie alles anfing. Endlich tut einer den ersten Schritt. Er pflegt seinen Nachbarn. Der Kriegsfilm läuft weiter, unendlich laut und lang.

Der Führer schreit »Krieg!« – doch die jungen Leute hören nicht mehr hin. Sie hören nach innen, auf die Stimme ihres Volkes.

Was ist wichtig? – Was wollen wir eigentlich? – Was verbindet uns, was verbindet die Völker? – Wo kommen wir her? – Wer sind wir? – Wer sorgt sich um uns? – Wer gibt uns Liebe? – Wo sind wir zu Hause? – Wie finden wir zurück?

Unsere jungen Leute haben sich auf die lange Suche gemacht. Ob Afrika, Asien, Europa, Amerika oder Australien: Überall ist der Anfang des Menschen in seiner Familie. In der Familie wird Gottes Liebe sichtbar – im kleinen Kind, von der Mutter umsorgt.

Kein Wunder, daß Jesus ein Kind wird und die fremden Könige bei dem Kind zu Freunden werden. Kein Wunder, daß unsere drei jungen Leute sich auf die lange Suche machen nach ihrem Ursprung.

Sie haben Geschenke, die sie mitbringen. Lange haben sie überlegt, was ihnen wichtig ist an der Familie. Lange haben sie überlegt, was sie schenken sollen. Müde sind sie, und lange waren sie unterwegs. Aber sie finden, was sie suchten. Glücklich treffen sie sich bei einer Mutter und ihrem Kind. Sie haben zurückgefunden. Und sie freuen sich wie drei Könige.

Wollen wir sehen, was sie mitgebracht haben: ein Tuch, ein Brot und ein Spiel. Das Tuch heißt Liebe und Geborgenheit, das Brot heißt Nahrung und Kräftigung und das Spiel heißt Wissen und Erfahrung.

Was ist nun mit dem Kriegsfilm und dem Führer? Was ist nun mit Herodes, der die Freundschaft zerstören kann und das Familienleben? Für heute schalten wir ihn aus; für heute gehen wir einen anderen Weg: den Weg des Friedens und der Völkerverständigung – den Weg Gottes.

Nach der Pantomime: ***Wegteil 2*** *wird jetzt angeheftet.*

Fürbitten

durch die Könige.

Großer Gott. Damit die Welt anders werden kann, müssen wir bei uns anfangen. Nicht immer aber können wir problemlos unseren Herodes umgehen. Wir brauchen dich und einen Funken Liebe; deshalb bitten wir dich:

1. Solidarität fängt schon in der Familie an: Hilf uns, aufeinander zu hören, aufeinander Rücksicht zu nehmen und geschwisterlich miteinander zu teilen.
2. Solidarität ist wichtig in der Arbeitswelt, wenn sie menschlicher werden soll. Hilf uns, kollegial zu leben und zu arbeiten, damit wir besonders auf die Schwächeren im Betrieb achten.
3. Solidarität muß unsere Gesellschaft bestimmen und verändern: Lehre uns, menschlicher miteinander umzugehen zwischen Männern und Frauen, Deutschen und Ausländern, Arbeitgebern und Arbeitnehmern.

Herr, mache uns fähig, auf unserem Weg zu dir die Last der anderen mitzutragen, ihre Freuden und Hoffnungen, ihre Ängste und Traurigkeiten zu teilen, wie Jesus es für uns getan hat. Darum bitten wir durch Christus, unsern Herrn. Amen.

Wegteil 3 *wird jetzt angeheftet.*

Offertorium Eff 202 *»Wenn das Brot, das wir teilen, als Rose blüht«*

Gabengebet

s. Meßbuch: Erscheinung des Herrn

Sanctus GL 491 *»Heilig… Herr, Gott der Mächte«*

Friedensgruß

Unseren Weg auf der Suche nach Gott gehen wir nicht allein. Mit uns gehen viele Menschen – aus allen Erdteilen und aus allen Häusern unserer Gemeinde. Ans Ziel gelangen wir nur, wenn wir in Frieden gehen.

Der Friede sei mit euch…

Nachdem alle sich den Frieden gewünscht haben, wird **Wegteil 4** *angeheftet.*

Agnus Dei (gesprochen)

nach der Kommunion

Das »Alphabet des Friedens«, aufgeteilt auf möglichst viele SprecherInnen (T 11)

Im Anschluß wird **Wegteil 5** *angeheftet.*

Schlußgebet

s. Meßbuch

Schlußlied Eff 87 *»Herr, geh mit uns«*

Segen/Entlassung

Zum Segen wird **Wegteil 6** *vom Priester aufgehängt: Wir wissen nicht, wie es weitergeht, jede Zukunft ist ungewiß. Für diese Ungewißheit steht das Fragezeichen. Doch in der Ungewißheit begleitet uns der Segen Gottes.*

Den Jordan entlang

Taufe Jesu

Vorbereitung

- *Drei verschiedene Räume, verbunden durch blaues Tuch/einen blauen Wollfaden*
- *für Raum 1:*
  - *(blaues Tuch)*
  - *Schattenbühne (Leintuch, zwei Ständer und Lampe)*
  - *die TeilnehmerInnen haben einige ihnen wichtige Alltagsgegenstände mitgebracht (z.B. Bücher, Spiele, CD's, Werkzeug)*
  - *kleine Holz- oder Strohkreuze (versteckt bis zum Ende; s.u.)*
- *für Raum 2:*
  - *(blaues Tuch)*
  - *geschmückter Ständer / Ambo für das Lektionar*
  - *viel freier Platz*
  - *Papier und Stifte für alle*
  - *evtl. Meditationsmusik*
- *für Raum 3:*
  - *(blaues Tuch)*
  - *alles für eine würdige Eucharistiefeier*

Hinweis

Die einzelnen Teile des Gottesdienstes haben ihren eigenen Schauplatz. Das verlangt nicht nur eine »tätig teilnehmende«, sondern eine geradezu »mitreisende« Gemeinde.
Am Jordan spielen viele für Israel entscheidende Ereignisse. So wundert es nicht, daß Johannes am Jordan tauft und nicht beispielsweise am Kidron. Für die Feier der Taufe Jesu darf also der Jordan im Mittelpunkt stehen. Der Jordan befindet sich wortwörtlich im Fluß. Wasser vermag sich im Fließen selbst zu reinigen – auch in der Taufe ist es das Symbol der Reinigung. Fließen hat auch eine zeitliche Dimension – und natürlich eine örtliche. Die Taufe Jesu erinnert an unsere eigene Taufe, in uns setzt

sich durch die Zeit fort, was mit Jesus begann, und durch uns läßt sich das Christentum an alle Orte tragen, an denen wir tagtäglich zu tun haben.

L: Jes 40,1-6a

E: Mt 3,13-17

Eingangsliturgie

Raum 1

Die TeilnehmerInnen sollen sich zunächst an einem Ort einfinden, wo normalerweise nicht Gottesdienst gefeiert wird; am besten da, wo die Gruppe die meiste Zeit ihres Alltags verbringt – im Klassenzimmer oder Speisesaal, auch im Pfarrsaal oder Gruppenraum.

In der Raummitte ist ein längliches blaues Tuch ausgebreitet: der Jordan. Der Jordan sollte auch in den anderen beiden Räumen für das Gottesdienstgeschehen sichtbar sein: entweder reicht der blaue Stoff in ganzer Länge für den Weg durch Gänge und Räume, oder es werden drei separate Tücher ausgebreitet, zu denen ein blauer Wollfaden den Weg weist.

Eingangslied Eff 75 ***»Alle meine Quellen entspringen in dir«***

Einführung

*Johannes der Täufer hält die Einführung. Der Sprecher könnte zunächst hinter einem Leintuch als Schattenspieler zu sehen sein, tritt dann (beim Zeichen *) hervor – und entpuppt sich als »ganz normaler« Mensch.*

J Ich bin Johannes. Ich bin eine Figur der Geschichte Gottes mit den Menschen. Diese Geschichte ist bis heute nicht beendet. Sie geht weiter, so, wie das Wasser nicht aufgehört hat, den Jordan hinabzufließen. Deshalb stehe ich vor euch. Deshalb fließt der Jordan heute durch eure Räume. Ich habe Jesus aus Nazareth getauft. Ich habe durch eine Stimme vom Himmel erfahren, daß Jesus wirklich der Messias und Sohn Gottes ist. Ich habe mit Wasser getauft, Jesus aber hat mit dem Heiligen Geist getauft. Das seid auch ihr: getauft mit dem Heiligen Geist.

* Aber den Jordan habt ihr weiter nötig. Und einen, der euch hin und wieder den Kopf wäscht. Einen, der euch auf den Boden

zurückholt und ordentlich untertaucht. Ihr kommt aus dem Alltag in diesen Gottesdienst. Ihr seid beladen mit ganz alltäglichen Dingen. Wenn ihr weiterziehen wollt, wenn ihr von Gottes Geheimnis, von der Stimme vom Himmel erfahren wollt, wenn ihr vom Heiligen Geist, mit dem ihr getauft seid, etwas spüren wollt – dann legt ab, womit ihr beladen seid. Laßt hier, am Anfang des Flusses, euren Alltag zurück.

Die TeilnehmerInnen legen die Gegenstände aus ihrem Alltag am Rand des Tuches nieder.

Kyrie

J Ihr habt euch gebückt, zum ersten Mal. Nun denkt nach über euch. Legt auch die Lasten ab, die euch auf der Seele liegen.

Der Leiter/Priester fährt fort:

- Johannes war ein Rufer in der Wüste. Er rief die Menschen zur Umkehr. Wir stehen am Ufer unseres Alltags – lassen wir uns zur Umkehr rufen? *(kurze Stille)* Herr, erbarme dich.
- Johannes war ein Rufer in der Wüste. Er verkündete Christus, den Erlöser. Wir stehen am Ufer unseres Alltags – spüren wir etwas von unserer Erlösung? *(kurze Stille)* Christus, erbarme dich.
- Johannes war ein Rufer in der Wüste. Er bezeugt über Jesus: Dieser ist Gottes Sohn. Wir stehen am Ufer unseres Alltags – glauben wir dem Zeugnis? *(kurze Stille)* Herr, erbarme dich.

Der Herr erbarme sich über uns. Er rüste uns aus mit einem starken Geist, der unsere Zweifel erträgt. Er rüste uns aus mit dem Mut, unseren Alltag zu verlassen und neue Wege zu gehen. Er reiche uns von seinem frischen Wasser, wann immer wir matt werden, und führe uns zum ewigen Leben. Amen.

Tagesgebet

Allmächtiger, ewiger Gott, bei der Taufe im Jordan kam der Heilige Geist auf unseren Herrn Jesus Christus herab, und du hast ihn als deinen geliebten Sohn offenbart. Gib, daß auch wir, die aus dem Wasser und dem Heiligen Geist wiedergeboren sind, in deinem Wohlgefallen stehen und als deine Kinder aus der Fülle dieses Geistes leben. Darum bitten wir durch Christus, unsern Herrn. Amen.

(vgl. Meßbuch)

Die TeilnehmerInnen ziehen nun an einen zweiten Ort, von Johannes geführt. Es bietet sich an, daß Johannes ein Vortragekreuz erhält und von Weihrauch und Kerzen begleitet wird.

Wortgottesdienst

Raum 2

Das könnte ein Meditationsraum sein oder eine geräumige Sakristei, eine Vorhalle oder Werktagskirche. Der Raum sollte viel freien Platz für Bewegung bieten. Einzig für das Lektionar muß ein zentraler Platz vorbereitet sein (Ambo, stabiles, von einem Tuch bedecktes Notenpult). Der Fluß führt durch die Raummitte.

Für alle TeilnehmerInnen sind Zettel und Stifte vorbereitet.

Lesung

Wir hören eine Lesung aus dem Buch Jesaja und hören, wie Menschen diese Botschaft aufnehmen. Vielleicht findest du dich wieder.

Johannes spricht den Bibelpart vom Ambo/Pult aus, die anderen SprecherInnen stehen links und rechts neben ihm.

J »Tröstet, ja tröstet mein Volk«, spricht euer Gott.

1 Ich bin nicht traurig.

2 Ich bin nicht »dein Volk«.

1 Wer, bitte, ist »mein Gott«?

J »Redet Jerusalem zu Herzen und verkündet...«

2 Was ist das für komisches Deutsch?

J »... und verkündet der Stadt,...«

1 Ich war noch nie in Jerusalem. Was geht mich das an?

J »daß ihr Frondienst zu Ende geht, daß ihre Schuld beglichen ist;«

2 Typisch Kirche: Wir haben wieder mal alle Schuld.

1 Red' doch mal deutsch! Das kann sich doch keiner anhören.

J Eine Stimme ruft: ...

2 Wo?!

J »Bahnt für den Herrn einen Weg durch die Wüste!«

1 Ich bahne mir lieber einen Weg durch den Stau und die Schlangen vor der Kasse im Supermarkt.

2 Ich bahne mir lieber die Karriereleiter nach oben.

1 Das geht alles viel schneller. Der Herr ist so lange ausgeblieben. Der kommt ja doch nicht zu uns.

J »Jedes Tal soll sich heben, jeder Berg und Hügel sich senken.«

2 Das klingt nach Rodung von Regenwäldern.

1 Und nach Flußbegradigung.

2 Nach Bagger und Beton.

1 Was meint Jesaja bloß mit so einem Wort?

J »Was krumm ist, soll gerade werden.«

2 Was krumm ist, soll gerade werden?

J »Dann offenbart sich die Herrlichkeit des Herrn. Alle Sterblichen werden sie sehen.«

1 Wenn einer kommt, der auch auf krummen Zeilen gerade schreibt?

2 Wenn einer kommt, der dich aus einem finsteren Tal ins Licht holt und auf einen Berg stellt?

1 Wenn einer kommt, der die Mächtigen vom Thron stürzt und die Niedrigen erhöht?

2 Dem wollen wir die Wege bereiten.

J Er ist schon da: Schon lange hat die Jungfrau ein Kind geboren, schon lange ist uns ein Sohn geschenkt worden. Und das ist die Geschichte, wie alle, die trotz ihrer Zweifel nicht weggegangen sind, es erfahren haben:

Evangelium

Bewegungsimpulse

Die einzelnen Impulse und das Gedicht von Josef Fink am Ende der Fürbitten wurden entnommen aus: H.-M. Lander, M.-R. Zohner: Bewegung und Tanz – Rhythmus des Lebens; Mainz 1991; S. 156.

Für Jesus beginnt hier ein langer Weg – der Weg zu den Menschen, der Weg, der uns so viel bedeutet, daß eine Religion daraus entstanden ist. Wir stehen immer noch selbst am Ufer des Jordan. Wir sind getauft durch das Wasser des Johannes und mit dem Geist Jesu. Die Taufe hat uns zur Nachfolge gerufen.

Ich lade ein, nun einige Schritte dieser Nachfolge zu gehen. Wir wollen in Bewegung kommen und unsere Zweifel und Hoffnungen mitnehmen.

Suche dir einen Platz, von dem du ausgehen möchtest. Der ganze Raum ist dir zur Verfügung.

Beginnend in langsamem Tempo werden folgende Impulse gegeben:

- Ich gehe den geraden Weg.
- Ich gehe krumme Wege.
- Ich komme an eine Weggabelung ... welchen Weg nehme ich?
- Ich halte Abstand auf meinem Weg.
- Geh mir aus dem Weg!
- Miteinander gehen und sich wieder trennen; wer bestimmt den Weg? Sich jeweils mit einem Ritual begrüßen und verabschieden.

Dazu vielleicht Meditationsmusik.

Je nach Gefühl der Leitung schneller und langsamer werden, zum Stillstand kommen lassen an einem beliebigen Zielort.

Schau, wo du nun angekommen bist. Nimm dir Zeit, deine Gedanken und Gefühle, deine Erlebnisse und Erfahrungen niederzuschreiben.

Fürbitten

Guter Gott. Wir sind ein Stück Weg mit dir gegangen. Unsere Gedanken und Gefühle, Erlebnisse und Erfahrungen sind dir wertvoll. Wir wollen sie vor dich bringen.

Wer will, kann von seinem Zettel etwas vorlesen; die anderen Zettel können stumm vor dem Ambo/Pult niedergelegt werden.

Zum Abschluß:

Die Frommen
gehen schnurstracks zu Dir
Ich weiche stets ab
Es sind die Tänze der Gräser,
es sind die Pfade der Würmer,
die vielen Spuren der Käfer
Ich brauche sehr lang
bis zu Dir
Warte,
ich komme verträumt.
Josef Fink

Glaubensbekenntnis

Um unserem Ziel entgegengehen zu können, müssen wir es vor Augen haben. Wollen wir gemeinsam sprechen, woran wir glauben und an was unser Herz sich hängen darf:

Credo

Eucharistie

Raum 3

Erst jetzt ziehen die TeilnehmerInnen in den Hauptraum der Kirche ein, geführt wieder von Johannes dem Täufer, und versammeln sich um den Altar. Die Gaben können dazu von Raum 2 mitgenommen werden.

Johannes legt zu den Gaben das Lektionar auf dem Altar ab. Dazu spricht er:

J Das Wort, das ich verkündet habe, wohnt unter uns. Zu meinen Jüngern habe ich gesagt: Seht, da ist das Lamm Gottes, das die Sünde der Welt hinwegnimmt. Das sage ich auch euch. Mein Dienst ist damit getan. Mit euch schaue ich und staune über Gottes Geheimnis.

Offertorium Eff 36 »***Wenn wir das Leben teilen***«

Gabengebet

Guter Gott. Wir stehen vor deinem Altar, dem Ziel unseres Weges. Der Altar heißt für uns auch Anfang. Wir haben Brot und Wein bereitet, um deine letzte Nacht zu feiern, das Ziel deines Weges. Mit dir stehen wir am Ziel. Du hast deinen Jüngern aufgetragen, dein Geheimnis weiterzutragen und diese letzte Nacht immer neu zu feiern. Durch die Taufe sind wir als Nachfolger deiner Jünger gerufen. Brot und Wein sollen uns auch stärken für diese Nachfolge. Mit dir fangen wir immer neu an. Wir bitten dich, komm in Brot und Wein zu uns und begleite unsere Wege. Darum bitten wir durch Christus, unsern Herrn. Amen.

Hochgebet: Gottes Geheimnis

in: U. Eigenmann, (Hg.): Hochgebete. Texte zum Teilen von Brot und Wein; Luzern 1996; S. 68 (ohne Präfation; »Taufe des Herrn« hat eine Eigenpräfation)

Sanctus Eff 47 ***»Heilig, heilig bist du« (Kanon)***
Agnus Dei GL 849 ***»In Sorgen schau ich auf zu dir«***
Kommuniondank GL 635 ***»Ich bin getauft und Gott geweiht«***

Schlußgebet

Guter Gott. Du hast uns mit deinem Wort und dem Brot des Lebens genährt. Gib, daß wir auf deinen Sohn hören und auf den Geist, der durch ihn spricht. Wir wollen deine Kinder heißen und in Wahrheit sein. Gib auch, daß diese Feier unser Leben tragen kann und unsere Nachfolge nicht in die Irre führt. Laß uns zurückkehren in unseren Alltag und feststellen, daß nichts mehr so ist wie vorher. Verändere unser Leben, schreibe auf unseren krummen Zeilen gerade und hole uns aus den finsteren Tälern ans Licht und auf deinen heiligen Berg. Darum bitten wir durch Christus, unsern Herrn. Amen.

Alle kehren in Raum 1 zurück, um ihre Sachen zu holen. In der Zwischenzeit hat ein Helfer auf jeden Gegenstand unbemerkt ein kleines Kreuz (aus Stroh, Holz...) gelegt, das jedeR TeilnehmerIn zur Erinnerung mitnehmen darf: nichts ist mehr so wie vorher.

Segen / Entlassung *(evtl. in Raum 1)*

Auf der Flucht

Vorbereitung

- *Krippenfiguren, die die Flucht nach Ägypten darstellen: Maria auf dem Esel, dazu Joseph*
- *das Gebet T 12 für alle kopieren*

Hinweis

Die Bibel zeigt Ägypten interessanterweise ebenso wie Kanaan als »gelobtes Land«: In der großen Hungersnot zur Zeit des Patriarchen Jakob zieht es das Volk nach Ägypten. Auch Mose wächst als Ägypter auf, nicht im israelitischen Untergrund. Aus Ägypten nimmt Israel verschiedenste Fertigkeiten und die Formen der Weisheitsliteratur mit. Die Heilige Familie flieht wiederum nach Ägypten, wo sie sicher sein kann.

Das Land am Nil hatte beinahe die Anziehungskraft, die heute der »goldene Westen« auf Flüchtlinge ausübt. Es bot zwar nicht Heimat , aber Sicherheit und Wohlstand.

Einführung

Aus dem Vorspiel zu Bertolt Brecht: »Der gute Mensch von Sezuan« (Frankfurt a.M. [Suhrkamp] 1964); es spricht Wang, der Wasserverkäufer, der Leiter/die Leiterin führt seinen Gedanken fort.

W Ich bin Wasserverkäufer hier in der Hauptstadt von Sezuan. Mein Geschäft ist mühselig. Wenn es wenig Wasser gibt, muß ich weit danach laufen. Und gibt es viel, bin ich ohne Verdienst. Aber in unserer Provinz herrscht überhaupt große Armut. Es heißt allgemein, daß uns nur noch die Götter helfen können. Zu meiner unaussprechlichen Freude erfahre ich von einem Vieheinkäufer, der viel herumkommt, daß einige der höchsten Götter schon unterwegs sind und auch hier in Sezuan erwartet werden dürfen. Der Himmel soll sehr beunruhigt sein wegen der vielen Klagen, die zu ihm aufsteigen. Seit drei Tagen warte ich hier am Eingang der Stadt, besonders gegen Abend, damit ich sie als erster begrüßen kann.

Weihnachten ist eben erst vorüber – und schon wieder eine Geschichte von der Ankunft? Das ist es eben: Jetzt, da die Feiertage vorüber sind, ist der Zauber von Weihnachten auch vorbei. Die Schaufenster sind schon umdekoriert für Silvester und Fasching. Das Leben geht weiter.

Und das süße Christkind? Das befindet sich samt Familie auf der Flucht vor den mordenden Truppen des Herodes, auf der Flucht nach Ägypten.

Ob das aktuell ist? Wir wohnen nicht in Israel. Wir wohnen nicht in Ägypten. Aber eher in Ägypten als in Israel. Beide, Ägypten und Deutschland, sind »gelobtes Land«, »goldener Westen« für Menschen, die Verfolgung und Krieg ausgesetzt sind. Wie damals unser Jesuskind. Ägypten oder Deutschland, das spielt keine Rolle.

Vom Erkennen Gottes

»Getrieben von Elend und Krieg, landen jeden Tag Hunderte von Flüchtlingen an den Küsten (...) »Die Reise ist extrem gefährlich«, berichtet ein Helfer der Küstenwache (...) »Wir haben derzeit 500 Gäste, aber unser Zentrum ist nur für 250 bis 300 Menschen vorgesehen«, sagt (der) Leiter des Flüchtlingslagers.« *(taz vom 30. Dezember 1998, S. 1)*

Gäste – sagt der Leiter. Sind Flüchtlinge unsere Gäste? Wirklich?

Wangs Gäste werden Götter sein. Wollen wir sehen, worauf er achtet.

W Wenn ich sie nur erkenne! (...) Die dort können es nicht sein, die kommen von der Arbeit. Ihre Schultern sind ganz eingedrückt vom Lastentragen. Der dort ist auch ganz unmöglich ein Gott, er hat Tinte an den Fingern. (...) Aber dort, diese drei! Mit denen sieht es schon ganz anders aus. Sie sind wohlgenährt, weisen kein Zeichen irgendeiner Beschäftigung auf und haben Staub auf den Schuhen, kommen also von weit her. Das sind sie! Verfügt über mich, Erleuchtete!

Brecht übt in diesem Theaterstück harte Kritik. Die Götter, weltfremd wie geschildert, setzen einen Anfang. Sie stellen Forderungen und sehen zu, wie die Menschen sich bemühen, damit fertigzuwerden. Und dann lassen sie sie allein.

Hätte Wang doch nur auf die anderen Menschen geachtet, die an ihm vorbeigegangen sind. Die passen nicht ins Bild, ins hausgemachte Gottesbild. Aber Sezuan ist mit ihnen weit besser dran.

Die Figuren werden in die Mitte gestellt.

Sie sind nicht wohlgenährt, sondern ausgezehrt. Nicht ohne Beschäftigung, sondern mit harter Arbeit vertraut. Einzig der Staub auf den Schuhen stimmt.

Es sind Menschen, die sich einsetzen können. Menschen, die niemanden alleinlassen. Menschen, die zu Ende führen, was sie beginnen.

Gott muß man auch ans Werk lassen.

Der Leiter des Flüchtlingslagers hat etwas begriffen, wenn er die vielen Flüchtlinge Gäste nennt. Wang hätte sie glatt übersehen, zurückgeschickt, den Asylantrag abgelehnt. Ägypten oder Deutschland oder Sezuan, das spielt keine Rolle. Wichtig ist allein, ob du Wang bist oder nicht.

Laß dich von einem Gebet nach Psalm 50 auf den Prüfstand stellen:

Gebet (T 12)

Segenswort

Vielleicht erlebst du dich manchmal selbst auf der Flucht. Vielleicht mußt du mit einer Angst fertigwerden, die dich zur Flucht treibt – und du weißt selbst nicht, wohin. Dann nimm dieses Gebet mit und sprich es als deine Worte. So wie in jedem Flüchtling dieser Welt Gott auf dich zugeht, darfst du sicher sein, daß Gott mit dir geht, wenn du eine Flucht nach Ägypten antrittst.

Und deshalb segne dich der Vater, der Sohn und der Heilige Geist.

Gottes Angesicht

Vorbereitung

- *Ölfarben oder -kreiden / alternativ: Wasserfarben, Textilfarben*
- *rechteckige Holzbretter gleicher Größe (ca. DIN A4) / alternativ: Aquarellkartons, weiße Tücher*
- *zum Vorzeichnen: Bleistifte, Radiergummi*
- *Folienmappe »Christusbilder«, herausgegeben vom Religionspädagogischen Seminar der Diözese Regensburg, Niedermünstergasse 2, 93043 Regensburg*
- *gregorianischer oder orthodoxer Choral auf CD*

Hinweis

Die Meditation greift auf die Tradition der Ikonen zurück. Ein Ikonentypus heißt »Das nicht von Menschenhand gemalte Antlitz Christi«. Er verweist nicht nur auf die Legende, nach der König Abgar von Edessa beim Anblick eines »Schweißtuchs Christi« geheilt worden sei, und auf die Ähnlichkeiten der Ikonographie mit dem Gesichtsabdruck auf dem Turiner Grabtuch. Er gibt auch einen Hinweis auf das Ikonenverständnis der orthodoxen Christenheit: Im Abbild ist Gott selbst gegenwärtig, dementsprechend wird die Ikone verehrt.

Sich ein Gottesbild zu machen ist nach dem zweiten Konzil von Nicäa 787 ausdrücklich erlaubt. Es darf verehrt werden, nicht jedoch angebetet – Anbetung gebührt Gott allein. Psychologisch gesehen ist es unvermeidlich, ein Gottesbild zu entwickeln. Es durchläuft verschiedene Stadien, je nach der Erfahrung des Einzelnen. Das Weihnachtsfest als »Epiphanie« (Erscheinung) lädt ein, neu darüber nachzudenken, wie Gott mir erscheint, welches Gottesbild ich in mir trage. Bewußt darf es, anders als die streng typisierende Ikonenmalerei, auf Veränderung angelegt sein – nächstes Jahr kann es ganz anders aussehen. Auch außerhalb der Weihnachtszeit kann diese Meditation einen Platz finden.

Die Folgefrage aus der Meditation ist: Gelingt es mir, Gott in diesem meinem Bild zu verehren? Die Leitung sollte auch auf negative Antworten gefaßt sein. Die Arbeit an den Bildern und Folien aus der Mappe, die die Meditation abschließt, kann die Möglichkeit anbieten, Entwicklungen zum Positiven aufzuzeigen: Wie müßte mein Gottesbild aussehen, damit ich es verehren könnte?

Einstieg

Die Materialien befinden sich in der Kreismitte, in Körbe aufgeteilt. JedeR nimmt sich Stifte/Farben/Pinsel und die Malunterlage, dazu eine Decke, und sucht im Raum einen ihm/ihr angenehmen Platz.

- *Das Stillwerden und Beruhigen der Atmung kann eingeleitet werden wie bei der Meditation »Kugeln für den Baum« (S. 52). Die Einstimmung erfolgt im Liegen: auf dem Rücken, die Arme und Beine angenehm von sich gestreckt.*
- *Wahrnehmen, daß ich Bilder in mir trage – vom Bild zum Gottesbild*

Schließen wir die Augen.
Wir sind mit uns allein.
Denke deinen Tag zurück. Was ist geschehen, gesagt worden, was hast du erlebt?
Auch mit geschlossenen Augen kannst du auf ihn schauen.
Nimm dir Zeit dafür.
...
Wie im Traum steigen Bilder auf. Laß sie aufsteigen und wieder gehen. Halte sie nicht fest.
Wie im Traum bist du allein mit dir.
Allein mit deiner inneren Welt.
Wovon träumst du?
...
Versuche, dir Farben, Formen und Gegenstände deiner inneren Bilder und die Gefühle, die du damit verbindest, zu merken.
Nimm wahr, welche Personen dich begleiten, welche dir begegnet sind und noch begegnen.
...
In die Reihe deiner Bilder möchte ich dir ein weiteres geben.
Eines, das langsam entstanden ist.

Eines, das nicht ohne all deine anderen Bilder sein kann.
Eines, das sich verändern darf.
Laß in dir entstehen, was dieses eine Wort in dir auslöst: Gott.
…

Malphase

Nach ausreichend Zeit werden die TeilnehmerInnen eingeladen, ihr inneres Bild von Gott zu malen.
Dazu kann leise Choralmusik gespielt werden.

Auseinandersetzung

Wenn alle ihr Bild beendet haben, werden sie wortlos um die Körbe herum ausgelegt.
Die Bilder werden von allen betrachtet. Je nach Sympathie mit oder Interesse an einem bestimmten Bild finden sich Paare (oder max. Vierergruppen), um die Bilder miteinander zu besprechen.
Für die Besprechung ist wichtig: JedeR kann (nicht: muß!) sagen, was und wieviel er/sie möchte. Gut ist, wenn auch Begebenheiten, Personen, Zeiten genannt werden, die bedeutsam sind für das Bild, so, wie es jetzt da ist. Fragen dürfen gestellt, müssen aber nicht beantwortet werden. Es ist den TeilnehmerInnen überlassen, wie sie sich mit ihrem Bild und der Wahrnehmung durch die anderen auseinandersetzen.

Danach finden sich alle im Kreis ein. Text:

> Präge Christus … deinem Herzen ein,
> wo er bereits wohnt;
> ob du über ihn in einem Buch liest
> oder ihn auf einem Bild siehst,
> er möge dein Denken erleuchten,
> indem du ihn auf den beiden Wegen der Sinneswahrnehmung
> zweifach erkennst.
> So wirst du mit den Augen sehen,
> was du durch das Wort gelernt hast.
> Wer auf diese Weise hört und sieht,
> dessen ganzes Wesen wird mit dem Lob Gottes erfüllt werden.

Theodor von Studion

Hier können Reaktionen auf den Text erfolgen.

Integration

JedeR hat sein/ihr Bild vor sich liegen. Die Leitung legt aus der Mappe »Christusbilder« eine Auswahl Folien (incl. weißem Blatt) um die Körbe herum aus.
(Vorschlag für die Auswahl: Nr. 2, 6, 10, 11, 13, 14, 16, 17, 20, 21, 24, 26, 34, 37, 41, 46, 48, 49, 50, 54)

In einer kurzen Minute der Betrachtung wählt jedeR für sich ein Christusbild aus: entweder ein Gegenstück oder eine Entsprechung zum eigenen Gottesbild.
Anhand der so entstandenen Bildpaare und auf dem Hintergrund des Paar-(Gruppen-)gesprächs ist nun Zeit, sich in der Großgruppe über sein Bild zu äußern, und für die Reflexion: Was nehme ich mit von meinem Bild?

Im Paradies

Vorbereitung

- *Eine Decke für jedeN TeilnehmerIn*
- *Ton oder Salzteig in ausreichender Menge mit entsprechenden Arbeitsunterlagen (Schneidbretter, Folien o.ä.)*
- *ruhige Musik, am besten »live« mit einem Monochord*

Hinweis

Ein großes weihnachtliches Thema ist das wiedererlangte Paradies: »Heut schleußt er wieder auf die Tür zum schönen Paradeis«, heißt es in einem alten Lied. Als paradiesisch läßt sich auch die frühe Geborgenheit von Säuglingen umschreiben, wenn sie das entwickeln können, was Erikson »Urvertrauen« nennt. Geborgenheit zu geben ist eine der mütterlichen Qualitäten Gottes. Die Meditation will etwas von der Geborgenheit bei Gott vermitteln.

Die hier angebotene Methode ist regressionsfördernd, sie nutzt das Erinnerungsvermögen. Die TeilnehmerInnen werden bis zu einem gewissen (individuell verschiedenen) Grad »zurückversetzt«, gehen also einen Weg in ihre Vergangenheit – und sollen bewußt eintauchen in ein frühes »Märchenstadium« (Ernest Harms), in dem das Bild vom Paradies eine ganz eigene Gestalt gewinnen kann.

Damit verbunden ist eine Identifikation mit dem Kind in der Krippe, von dem auch deshalb so viel Faszination ausgeht, weil es wie jedes Neugeborene die Sehnsucht nach der ursprünglichen Geborgenheit bei der Mutter anspricht. Für Augenblicke kann wiedererlebt werden, was um so weiter entfernt liegt, je älter der Mensch wird.

Die Gefahr solch regressiver Arbeit ist, daß Defizite in eben diesem Stadium wirksam werden. In Fällen, bei denen Anzeichen früher Schädigungen auftreten (Weinkrämpfe o.ä.), hilft am ehesten direkter körperlicher Kontakt und ruhiger Zuspruch. Sinnvoll ist außerdem, daß einE zweiteR LeiterIn mit dem/der Betroffenen den Raum verläßt und be-

ruhigend, stützend und zuhörend begleitet. Patentrezepte gibt es nicht; Regressionsarbeit verlangt einigen Mut – LeiterInnen dürfen jedoch auch darauf vertrauen, daß das Erinnerungsvermögen selektiv arbeitet und in der Lage ist, »schädliche« Erlebnisse auszublenden.

Einstieg

Der Ton oder Salzteig befindet sich in der Raummitte. JedeR nimmt sich eine Decke, und sucht im Raum einen ihm/ihr angenehmen Platz.
Alle liegen auf dem Rücken, die Arme und Beine angenehm von sich gestreckt.

- *Das Stillwerden und Beruhigen der Atmung kann eingeleitet werden wie bei der Meditation »Kugeln für den Baum« (S. 52).*

Er-Innerung

Schließen wir jetzt unsere Augen, lassen wir unsere Umgebung zurück.

Das Monochord / die Meditationsmusik setzt ein.
Für die folgenden Impulse darf viel Zeit verwendet werden, mit längeren Pausen zwischen jedem Schritt.

Versuche, dich an gestern zu erinnern. Laß die Bilder des vergangenen Tages in dir aufsteigen: Menschen, Orte, Dinge, Situationen…

Geh nun weiter zurück, ganz in deinem Tempo… halte nichts fest, was du vor deinem inneren Auge siehst… der Boden trägt dich…

vorgestern … letzte Woche … (streife den Jahreswechsel …) das Weihnachtsfest und den Advent … du hast viele Weihnachtsfeste erlebt – versuche sie alle vor dein inneres Auge zu holen und lasse sie wieder, wenn du möchtest … halte dich ruhig länger da auf, wo es dir gut tut …

gehe langsam immer weiter zurück, soweit dein Gedächtnis dich trägt … dein Gedächtnis wird dir verzauberte Räume öffnen … versuche zu spüren, was dieses Wort dir sagt: Paradies.

Für weitere Minuten klingt nur noch Musik.

Spüre, wie der Boden dich trägt … deine inneren Bilder begleiten dich … verabschiede dich von ihnen – ganz in deinem Tempo und ganz so, wie du möchtest … spüre die Wärme der Decke, auf der du liegst … du atmest bewußt ein und aus … bewege deine Füße …

deine Hände – sanft und wohlig ... spüre deine Beine und bewege sie leicht ... deine Arme ... dein Becken ... die Wirbelsäule mit dem Oberkörper ... spüre, wie der Atem dich durchströmt und deine Brust weitet ... laß die Augen so lange geschlossen, wie du möchtest ... kehre langsam zurück in unseren Meditationsraum ... richte dich auf und streck dich.

Die Musik verstummt erst dann, wenn alle wieder »da« sind.

Resonanz

Die Erfahrungen der TeilnehmerInnen werden noch nicht mitgeteilt. Schweigend kann jedeR sich von dem Ton / Salzteig nehmen, eine Arbeitsunterlage dazu, und wieder auf die Decke zurückkehren.

Dazu die Arbeitsanregung:

Du hast viel erlebt. Jedes Erlebte will verarbeitet werden. Gestalte dein Stück Ton / Teig: forme es zu einer Figur, einem Symbol etc.; so, wie es deiner Erfahrung, deinem Erlebnis entspricht.

Anhand der entstandenen Figuren und Symbole wollen wir uns nachher austauschen.

Reflexion

JedeR kann (!) sein Kunstwerk vorstellen, es beschreiben und deuten. Dabei sollte allen frei stehen, ob sie Rückmeldungen von der Leitung oder anderen TeilnehmerInnen wünschen oder nicht.

Als Distanzierungsmöglichkeit bietet sich an, eine »Ausstellung« aufzubauen: Der/die LeiterIn führt als »Museumsdirektor« durch die Ausstellung und läßt jedeN »KünstlerIn« einige Worte zum Werk sagen.

Den Abschluß sollte eine »Blitzlichtrunde« machen, in der jedeR seiner Befindlichkeit Ausdruck gibt – hier sollte wirklich jedeR etwas beitragen.

(Die TeilnehmerInnen erhalten ihre Stücke zur Erinnerung; man sollte aber daran denken, daß Ton gebrannt werden muß.)

Der Festkreis schließt sich

Vorbereitung

- *die Dinge, die in der Advents- und Weihnachtszeit wesentlich waren (Kalender, Christbaum etc.; s.u. Hinweis)*
- *eine Weihnachtspyramide mit ca. zur Hälfte abgebrannten Kerzen (die Kerzen müssen innerhalb der Gebets-Zeit niederbrennen können)*
- *Musik zur Meditation*

Hinweis

Ebenso wie eine feierliche Advents-Eröffnung soll auch ein »Schlußakt« angeboten sein. So wird gut nachvollziehbar, daß wir uns nun wieder »im Jahreskreis« befinden. Auf die Ausnahme »Darstellung des Herrn« und ihre Bedeutung (s. dort) kann bereits hingewiesen werden.
Der folgende GebetsMoment diente als Einstieg unmittelbar nach den Weihnachtsferien. Er eignet sich besonders, wenn in der Adventszeit gemeinsam Dinge entstanden sind, die deren Verlauf geprägt haben.
In der Gruppe Jugendlicher, die den Abschluß des Festkreises wie unten gefeiert hat, wurden den Advent hindurch jeden Tag Zeitungsausschnitte gesammelt, die einen »Adventskalender der Ereignisse« bildeten (einen Kalender also, der langsam gefüllt statt geleert wurde). Ebenso wurde ein großer Tannenzweig langsam mit Schmuck behängt, immer etwas mehr (u.a. mit den Christbaumkugeln aus der Meditation »Kugeln für den Baum«; s. S. 52). Vielleicht sind das Anregungen für die Gestaltung.
Wo eine Vorbereitung in dem Ausmaß nicht möglich war, lassen sich gut die üblichen »Weihnachtsutensilien« verwenden: ein »normaler« Adventskalender, Geschenkkartons, Weihnachtsbaum u.a.m.

Begrüßung

mit dem Gedicht (T 13)

Der Winter ist die Jahreszeit mit den meisten Festen. Angefangen beim Advent, wo die Feststimmung von Weihnachten sich langsam aufbaut, über Weihnachten, Silvester, Drei König bis zum Fasching. Immer was los. Immer geht's rund – wie die Pyramide in unserer Mitte. Wir sorgen schon dafür, daß der dunkle Winter uns nicht trübsinnig macht.

Bevor es nun endgültig in den Fasching geht, wird es Zeit, ein wenig innezuhalten. Das Denken kommt ohnehin ein bißchen zu kurz beim Feiern, Essen, Trinken.

Meditation

Gönne dir jetzt einen kurzen Augenblick, hier, in Gottes Haus geborgen. Laß die Erlebnisse der vergangenen Ferien noch einmal vorbeiziehen, während Musik läuft.

(ca. 5 Minuten)

Aktion

Der Reihe nach werden TeilnehmerInnen eingeladen, den Schmuck des Weihnachtsbaumes und den Kalender abzunehmen und vielleicht gleich zu verpacken.

Was bunt verzaubert hat an unserem Baum, ist abgenommen (und verpackt). Zum Vorschein kommt tatsächlich, daß der Baum nichts als Reisig ist. Die Nadeln fallen ihm schon ab bei jeder Berührung, er ist trocken geworden.

Der Schmuck hat dem Baum eine Bedeutung gegeben. Der Baum selbst aber ist immer Baum geblieben, auch jetzt noch, in seiner Dürre.

Die einzelnen Schmuckgegenstände können noch einmal benannt und in Zusammenhang mit ihrem Einsatz im Advent gebracht werden.

Zum Beispiel:

- Die Kugeln haben wir gemeinsam bemalt und gestaltet. Wir haben uns Zeit genommen für sie. Jeder hatte sein persönliches Weihnachtsfest vor Augen. So bunt schließlich war unser Weihnachten. Und so bunt wurde unser Baum.

- Der Kalender hat uns begleitet Tag für Tag. Immer mehr Ereignisse kamen hinzu. Aufregende, lustige, wichtige, banale. Die Tage waren reich, und die Zeit wurde immer gewichtiger. *Zwei Ereignisse werden nun exemplarisch noch einmal vorgelesen.*

Unser Baum steht schmucklos da. Sein Leben wird wieder weitergehen wie das eines ganz normalen Baumes. Zermahlen vielleicht zu Sägemehl, verbrannt vielleicht in einem Hochofen. Aber wir werden seine Bedeutung für uns in Erinnerung behalten: Dieser eine Baum war unser Christbaum.

Auch unser Leben wird weitergehen. Die Mühlen des Alltags mahlen weiter. Doch auch für uns wirkt Weihnachten weiter. Die sollten wir nicht vergessen: Wie dieser Baum immer unser Christ-Baum sein wird, sind wir nun immer Christ-Menschen; komme, was da wolle.

Schlußgebet

GL 143 Nun freut euch, ihr Christen (gesungen oder gesprochen)

Der Festkreis kommt zum Stillstand

Nach einem Segen/Abschluß werden alle eingeladen, das Erlöschen der Kerzen an der Pyramide zu verfolgen und zu sehen, wie die Pyramide langsam stillsteht. Nun ist die Weihnachtszeit vorerst vorbei.

Ich bringe den Herrn

Gestaltungselement zum Fest der Darstellung des Herrn

Vorbereitung

- *Kissen mit Geldschein*
- *Kissen mit Gameboy*
- *geschmückter Wagen mit Fernsehgerät*
- *Altargong oder Glocke*

Hinweis

»Darstellung des Herrn« oder »Mariä Lichtmeß« ist das letzte weihnachtliche Fest, eine Enklave im Jahreskreis. Vor der Liturgiereform endete hier die Weihnachtszeit und mündete in die »Vorfastenzeit« ein. Aus diesem Grund ist hier wenigstens ein Gestaltungselement für den Wortgottesdienst vorgeschlagen. Es kann weiter ausgebaut werden oder für sich als GebetsMoment Verwendung finden.

E: Lk 2,22-35

Statt einer Lesung

Simeon (S) und drei weitere SprecherInnen (1,2,3):

1 Ich bringe den Herrn!

S Zeig mir deinen Herrn.

1 Hier.

S Nein, das ist nicht der Herr, auf den ich warte.

Nach vorn gebracht wird auf einem Kissen ein Geldschein.

2 Ich bringe den Herrn!

S Zeig mir deinen Herrn.

2 Hier.

S Nein, das ist nicht der Herr, auf den ich warte.

Nach vorn gebracht wird ein Gameboy, wieder auf einem Kissen.

3 Ich bringe den Herrn!

S Zeig mir deinen Herrn.

3 Hier.

S Nein, das ist nicht der Herr, auf den ich warte.

Nach vorn geschoben wird, auf geschmücktem Wagen, ein Fernsehgerät.

1/2/3 *gleichzeitig*: Was ist denn nun *dein* Herr??

S Er ist ein Mensch, der uns beschenken will.

1 Ich kenne nur eine Welt, in der man sich alles verdienen muß und kaufen kann.

S Er ist ein Mensch, der es ernst meint mit uns.

2 Ich kenne nur ein Spielzeug, das Spaß macht.

S Er ist ein Mensch, in dem Gott zu uns kommt.

3 Ich kenne nur einen Gott, in dem Menschen zu uns kommen – schalte ihn ab, und die Menschen sind weg.

S Schaut doch auf! Es gibt noch anderes! Nun schaut doch!

In die Stille hinein ein Glockenschlag.

Evangelium

Fürbitten

Guter Gott. Simeon hat auf dich gewartet am Tempel, auf die anderen Besucher hat er nicht geachtet. Du allein warst ihm wichtig. Wir haben darüber nachgedacht und bitten dich nun:

1. Geld allein macht nicht glücklich. Öffne uns die Augen für das Wertvolle, das in anderen Menschen steckt und hilf uns, sie als ein Geschenk Gottes anzunehmen.
2. Spiele allein machen nicht zufrieden. Hole uns weg aus den Traumwelten, in denen wir entweder Gewinner oder Verlierer sind. Mache uns zuversichtlich, daß es Menschen gibt, die auf uns zugehen, ohne uns verletzen zu wollen.
3. Fernsehen allein ist nicht die ganze Wahrheit. Laß uns so kritisch sein, daß wir nie den Menschen hinter den Berichten vergessen und fähig werden, Vorurteile zu beseitigen.

Du weißt, daß wir den Fernseher nicht abschalten werden, die Computerspiele auch zur Entspannung brauchen und Geld nicht einfach verbrennen können. Aber sie sollen uns nicht das einzige sein, sie sollen nicht unsere Herren sein. Deshalb bitten wir dich...

Textbausteine

T 1 Franz Kafka: Vor dem Gesetz

Vor dem Gesetz steht ein Türhüter. Zu diesem Türhüter kommt ein Mann vom Lande und bittet um Eintritt in das Gesetz. Aber der Türhüter sagt, daß er ihm jetzt den Eintritt nicht gewähren könne. Der Mann überlegt und fragt dann, ob er also später werde eintreten dürfen. »Es ist möglich,« sagt der Türhüter, »jetzt aber nicht.« Da das Tor zum Gesetz offensteht wie immer und der Türhüter beiseite tritt, bückt sich der Mann, um durch das Tor in das Innere zu sehen. Als der Türhüter das merkt, lacht er und sagt: »Wenn es dich so lockt, versuche es doch, trotz meines Verbotes hineinzugehen. Merke aber: Ich bin mächtig. Und ich bin nur der unterste Türhüter. Von Saal zu Saal stehn aber Türhüter, einer mächtiger als der andere. Schon den Anblick des dritten kann nicht einmal ich mehr ertragen.« Solche Schwierigkeiten hat der Mann vom Lande nicht erwartet; das Gesetz soll doch jedem und immer zugänglich sein, denkt er, aber als er jetzt den Türhüter in seinem Pelzmantel genauer ansieht, seine große Spitznase, den langen, dünnen, schwarzen tatarischen Bart, entschließt er sich, doch lieber zu warten, bis er die Erlaubnis zum Eintritt bekommt. Der Türhüter gibt ihm einen Schemel und läßt ihn seitwärts von der Tür sich niedersetzen. Dort sitzt er Tage und Jahre. Er macht viele Versuche, eingelassen zu werden, und ermüdet den Türhüter durch seine Bitten. Der Türhüter stellt öfters kleine Verhöre mit ihm an, fragt ihn über seine Heimat aus und nach vielem andern, es sind aber teilnahmslose Fragen, wie sie große Herren stellen, und zum Schlusse sagt er ihm immer wieder, daß er ihn noch nicht einlassen könne. Der Mann, der sich für seine Reise mit vielem ausgerüstet hat, verwendet alles, und sei es noch so wertvoll, um den Türhüter zu bestechen. Dieser nimmt zwar alles an, aber sagt dabei: »Ich nehme es nur an, damit du nicht glaubst, etwas versäumt zu haben.« Während der vielen Jahre beobachtet der Mann den Türhüter fast ununterbrochen. Er vergißt die anderen Türhüter und dieser erste scheint ihm das einzige Hindernis für den Eintritt in das Gesetz. Er verflucht den unglücklichen Zufall, in den ersten Jahren rücksichtslos und laut, später, als er alt wird, brummt er nur noch vor sich hin. Er wird kindisch, und, da er in dem jahrelangen Studium des Türhüters auch die Flöhe in seinem Pelzkragen erkannt hat, bittet er auch die Flöhe, ihm zu helfen und den Türhüter umzustimmen. Schließlich wird sein Augenlicht schwach, und er weiß nicht, ob es um ihn wirklich dunkler wird, oder ob ihn nur seine Augen täuschen. Wohl aber erkennt er jetzt im Dunkel einen Glanz, der unverlöschlich aus der Türe des Gesetzes bricht. Nun lebt er nicht mehr lange. Vor seinem Tode sammeln sich in seinem Kopfe alle Erfahrungen der ganzen Zeit zu einer Frage, die er bisher an den Türhüter noch nicht gestellt hat. Er winkt ihm zu, da er seinen erstarrenden Körper nicht mehr aufrichten kann. Der Türhüter muß sich tief zu ihm hinunterneigen, denn der Größenunterschied hat sich sehr zu ungunsten des Mannes verändert. »Was willst du denn jetzt noch wissen?« fragt der Türhüter, »du bist unersättlich.« »Alle streben doch nach dem Gesetz,« sagt der Mann, »wieso kommt es, daß in den vielen Jahren niemand außer mir Einlaß verlangt hat?« Der Türhüter erkennt, daß der Mann schon an seinem Ende ist, und, um sein vergehendes Gehör noch zu erreichen, brüllt er ihn an: »Hier konnte niemand sonst Einlaß erhalten, denn dieser Eingang war nur für dich bestimmt. Ich gehe jetzt und schließe ihn.«

F. Kafka: Sämtliche Erzählungen; Frankfurt a.M. (Fischer) 1970; S. 131 – 132.

T 2 Hermann Hesse: Die Stadt

»Es geht vorwärts!« rief der Ingenieur, als auf der gestern neugelegten Schienenstrecke schon der zweite **Eisenbahnzug** voll Menschen, Kohlen, Werkzeugen und Lebensmitteln ankam. Die Prärie glühte leise im gelben Sonnenlicht, blaudunstig stand am Horizont das hohe Waldgebirge. Wilde Hunde und erstaunte Präriebüffel sahen zu, wie in der Einöde Arbeit und Getümmel anhob, wie im grünen Lande Flecken von Kohlen und von Asche und von Papier und von Blech entstanden. Der erste Hobel schrillte durch das erschrockene Land, der erste Flintenschuß donnerte auf und verrollte am Gebirge hin, der erste Amboß klang helltönig unter raschen Hammerschlägen auf. Ein Haus aus Blech entstand, und am nächsten Tag eines aus Holz, und andere, täglich neue, und bald auch **steinerne**. Die wilden Hunde und Büffel blieben fern, die Gegend wurde zahm und fruchtbar, es wehten schon im ersten Frühjahr Ebenen voll grüner Feldfrucht, Höfe und Ställe und Schuppen ragten daraus auf, Straßen schnitten durch die Wildnis.

Der Bahnhof wurde fertig und eingeweiht, und das Regierungsgebäude, und die Bank (...). Es kamen Arbeiter aus aller Welt, Bauern und Städter, es kamen Kaufleute und Advokaten, Prediger und Lehrer, es wurde eine Schule gegründet, drei religiöse Gemeinschaften, zwei Zeitungen. Im Westen wurden Erdölquellen gefunden, es kam großer Wohlstand in die junge Stadt. Noch ein Jahr, da gab es schon Taschendiebe, Zuhälter, Einbrecher, ein Warenhaus, einen Alkoholgegnerbund, einen Pariser Schneider, eine bayrische Bierhalle. (...) **Nichts fehlte mehr**, von der Wahlrede bis zum Streik, vom Kinotheater bis zum Spiritistenverein. (...)

Und es kam auch langsam die Kultur. Die Stadt, die anfänglich nur eine Gründung gewesen war, begann eine Heimat zu werden. Es gab hier eine Art, sich zu grüßen, eine Art, sich im Begegnen zuzunicken, die sich von den Arten in andern Städten leicht und zart unterschied. Männer, die an der Gründung der Stadt teilgehabt hatten, genossen Achtung und Beliebtheit, ein kleiner Adel strahlte von ihnen aus. Ein junges Geschlecht wuchs auf, dem erschien die Stadt schon als eine alte, beinahe von Ewigkeit stammende Heimat. Die Zeit, da hier der erste Hammerschlag erschollen, der erste Mord geschehen, der erste Gottesdienst gehalten, die erste Zeitung gedruckt worden war, lag ferne in der Vergangenheit, war schon Geschichte.

Die Stadt hatte sich zur Beherrscherin der Nachbarstädte und zur Hauptstadt eines großen Bezirks erhoben. (...) In zwanzig gewaltigen Schulhäusern aus Stein und Eisen wurde jedes Jahr der Gründungstag der ruhmreichen Stadt mit Gesang und Vorträgen gefeiert. Die ehemalige Prärie war von Feldern, Fabriken, Dörfern bedeckt und von zwanzig Eisenbahnlinien durchschnitten, das Gebirge war nahegerückt und durch eine Bergbahn bis ins Herz der Schluchten erschlossen. Dort, oder fern am Meer, hatten die Reichen ihre Sommerhäuser.

Ein **Erdbeben** warf, hundert Jahre nach ihrer Gründung, die Stadt bis auf kleine Teile zu Boden. Sie erhob sich von neuem, und **alles Hölzerne ward nun Stein**, alles Kleine groß, alles Enge weit. Der Bahnhof war der größte des Landes, die Börse die größte des ganzen Erdteils, Architekten und Künstler schmückten die verjüngte Stadt mit öffentlichen Bauten, Anlagen, Brunnen, Denkmälern. Im Laufe dieses neuen Jahrhunderts erwarb sich die Stadt den Ruf, die schönste und reichste des Landes und eine Sehenswürdigkeit zu sein. (...) Viel besucht und bewundert wurde ein ungeheures Museum, in dessen hundert Sälen, Höfen und Hallen die Geschichte der Stadt von ihrer Entstehung bis zur letzten Entwicklung dargestellt war. Der erste, ungeheure Vorhof dieser Anlage stellte die ehemalige Prärie dar, mit wohlgepflegten Pflanzen und Tieren und genauen Modellen der frühesten elenden Behausungen, Gassen und Einrichtungen. Da lustwandelte die Jugend der Stadt und betrachtete den Gang ihrer Geschichte, vom Zelt und Bretterschuppen an, vom ersten unebenen Schienenpfad bis zum Glanz der großstädtischen Straßen. Und sie lernten daran, von ihren Lehrern geführt und unterwiesen, die herrlichen Gesetze der Entwicklung und des Fortschritts begreifen, wie aus dem Rohen das Feine, aus dem Tier der Mensch, aus dem Wilden der Gebildete, aus der Not der Überfluß, aus der Natur die Kultur entstehe.

Im folgenden Jahrhundert erreichte die Stadt den **Höhepunkt** ihres Glanzes, der sich in reicher Üppigkeit entfaltete und eilig steigerte, bis eine blutige Revolution der unteren Stände dem ein Ende setzte. Der Pöbel begann damit, viele von den großen Erdölwerken, einige Meilen von der Stadt entfernt, anzuzünden, so daß ein großer Teil des Landes mit Fabriken, Höfen und Dörfern teils verbrannte, teils verödete. Die Stadt selbst erlebte zwar Gemetzel und Greuel jeder Art, blieb aber bestehen und erholte sich in nüchternen Jahrzehnten wieder langsam, ohne aber das frühere flotte Leben und Bauen je wieder zu vermögen. Es war während ihrer üblen Zeit ein fernes Land jenseits der Meere plötzlich aufgeblüht. (...) Das neue Land zog die brachen Kräfte, das Streben und Wünschen der alten Welt gewaltsam an sich. (...)

Die schöne Stadt begann langsam zu **verarmen**. Sie war nicht mehr Herz und Hirn einer Welt, nicht mehr Markt und Börse vieler

Länder. Sie mußte damit zufrieden sein, sich am Leben zu erhalten und im Lärme neuer Zeiten nicht ganz zu erblassen. (...)

Manche Jahrhunderte war die alte träumende Stadt für die jüngere Welt ein ehrwürdiger Ort, von Dichtern besungen und von Liebenden besucht. Doch drängte das Leben der Menschheit immer mächtiger nach anderen Erdteilen hin. Und in der Stadt selbst begannen die Nachkommen der alten einheimischen Familien auszusterben oder zu verwahrlosen. Es hatte auch die letzte geistige Blüte ihr Ziel längst erreicht, und übrig blieb nur verwesendes Gewebe. (...)

In der Stadt hausten am Ende keine Bürger mehr, nur noch Gesindel, unholdes, wildes Volk, das in den schiefen, einsinkenden Palästen der Vorzeit Obdach nahm und in den ehemaligen Gärten und Straßen seine mageren Ziegen weidete. Auch diese letzte Bevölkerung starb allmählich (...) aus (...).

Die **Reste** des alten Rathauses, das einst der Stolz seiner Zeit gewesen war, standen noch immer sehr hoch und mächtig, in Liedern aller Sprachen besungen und ein Herd unzähliger Sagen der Nachbarvölker (...).

Der Wald aber stieg weiter von den Bergen her in die Ebene, Seen und Flüsse entstanden und vergingen, und der Wald rückte vor und ergriff und verhüllte langsam das ganze Land, die Reste der alten Straßenmauern, der Paläste, Tempel, Museen, und Fuchs und Marder, Wolf und Bär bevölkerten die Einöde.

Über einem der gestürzten Paläste, von dem kein Stein mehr am Tage lag, stand **eine junge Kiefer**, die war vor einem Jahr noch der vorderste Bote und Vorläufer des heranwachsenden Waldes gewesen. Nun aber schaute auch sie schon wieder weit auf jungen Wuchs hinaus.

»Es geht vorwärts!« rief ein Specht, der am Stamme hämmerte, und sah den wachsenden Wald und den herrlichen, grünenden Fortschritt auf Erden zufrieden an.

H. Hesse: Iris. Ausgewählte Märchen; Frankfurt a.M. (Suhrkamp) 1955; S.193-198.

(in Auszügen; die von mir mit Fettdruck hervorgehobenen Worte verstehen sich als Stichworte für den Einsatz von Dias – vgl. »Der weite Weg« S.16)

T 3 aus: Peter Handke: Über die Dörfer

Die alte Frau

Soll ich also wieder weg von hier, vom einzigen lieben Ort weit und breit? Gleich hinter der Kreuzung dort vorn beginnt die Grenze, hinter der es nichts mehr gibt. Nach der Brücke gehen drei Wege auseinander. Der erste führt bachaufwärts in die Schlucht, wo früher die Mühlen standen. Jetzt sind davon nur noch die dachlosen Mauern übrig, die Mühlsteine liegen weiter unten im Tal vor den Häusern, und aus den Löchern in der Mitte wachsen Blumen, die keine Blumen mehr sind. Am Eingang der Schlucht leuchten noch die hellroten Himbeeren, aber weiter drinnen, sowie es dann lichtlos und feucht wird, wächst nur noch fruchtloses Buschwerk, oder die Beeren werden nie reif, oder die weißlichen Würmer hängen daran. Das letzte Hochwasser hat ein paar Stege weggerissen, die kein Mensch wiederherstellen wird. Aber vielleicht wird dort eine Zuflucht vor dem nächsten Krieg sein: immerhin gibt es ein paar eßbare Pilze, das Wasser ist rein, im Bach liegen Feuersteine, in den Gebüschen stehen verborgene Laubhütten, hinter manchen Felsvorsprüngen wird es sonnig und still. – Der zweite Weg ging früher bachabwärts durch die Felder. Das Land ist immer noch bebaut, aber statt der einzelnen Äcker steht da nur noch ein großes Feld, bepflanzt mit Viehfutter, das nicht mehr »Mais« heißt, sondern nach den Türmen genannt ist, in denen es vergoren wird. Es wächst so hoch, daß das Dorf dahinter nur im Winter sichtbar wird. Immerhin riecht dieses Silozeug manchmal süß wie der alte Mais, und die weichen Blätter sind zurückgebogen und knicken sich und fallen hintüber, hingegeben wie die Sprecherin hier *(sie zeigt auf sich)* ach leider viel zu selten damals in ihrer Jugend, und hinter den Blättern verborgen leuchten die Kolben durch die Hüllen und Binden, mit den goldblitzenden Haarkringeln: Lazarus, steh auf – Lazarus, zeig dich – Lazarus, komm zu mir. – Der dritte Weg ist die Straße ins Dorf, und wo einmal die verschüttete Milch auseinanderrann, schillern im Teer die Ölflecken, und von allen Geräuschen ist dort das Geräusch einer Fahrradklingel noch das anheimelndste. Ich bin es, die ihr in der Nacht da gehen seht, am Wegrand, der kein Wegrand ist. Und wo ist das Dorf? Wo die Mitte war, ist jetzt ein Schild aufgestellt: »Dorfmitte«. Auch die ehemaligen Feldwege sind inzwischen alle beschildert und heißen nach den reichen Zugezogenen, die dort ihre Landhäuser haben und die großen Steuern bezahlen. Von der Gemeinde gibt es nur noch das Amt, und das Gebäude hat die gleichen Geschäftsfenster wie nebenan die Sparkasse. Dafür wird jährlich teilgenommen am Wettbewerb um das Schönste Dorf, und die Zuständigen betrachten mit bösem Blick beim Blumengießen, Heckenstutzen und Fahnenstangenputzen meinen vorstehenden Unterrock. Nur nach Mitternacht rauscht manchmal das Wasser, auch wenn es bloß der Kanal ist, die Äpfel fallen ins Gras, ein Blätterschwarm verdunkelt ein Scheinwerferweiß, die Sterne erstrahlen am Himmel, und ich sehe dort oben den anderen Weg. Das Geklirr vor dem Fenster ist kein Fremder, sondern mein Nachttier, das in den bereitgestellten Eßteller tapst. Aber so ein Hausfreund genügt natürlich nicht: ich habe trotzdem Angst, allein, wie ich bin, und tot, wie rundum alles ist. Im Dorf die Mopeds, zu Hause die Fliegen. Ich spüre dann ein Reißen in den Gliedern, das in den Kopf hinaufsteigen und mich verrückt machen wird. Man hat gemeint, ich hätte keinen Grund, mich zu beklagen, mein Zimmer sei geheizt, und ich hätte ausreichend zu essen. Darauf antworte ich: Ich beklage mich nicht, ich *klage*. Sooft ich von hier an die Kreuzung mit den drei Wegen komme, möchte ich mich in das Grasdreieck dort legen, als wäre dieses außerhalb des Tors hier mein einziger Schutzort. Er ist alles, was von dem Dorf geblieben ist. In meiner letzten Stunde möchte ich dort hingeführt werden und in dem tiefen Gras verschwinden, wie der blinde König in der Sage. Vielleicht hat es das Dorf gar nie gegeben. Als ich ein Kind war, ließ man mich in der Schule einen ganzen Vormittag lang auf einem Holzscheit knien. Damals ist mein Herz zerfallen. Später hat mir jemand einen Heiratsantrag gemacht. Ich bin dabei entsetzlich erschrocken, weil ich mir vorstellte, ich würde ein Kind gebären und müßte daran sterben. »Wollen wir nicht heiraten?« – »Jaja«, habe ich nur gemurmelt, und danach wurde nie mehr davon geredet. Wie fremd ist hier alles geworden, ich weiß nicht, ob seit dem letzten Erdbeben, oder dem letzten Krieg, oder dem Knien damals auf dem Holzscheit. Wie wertlos ist das Dorf. Wie weißgold renoviert ist die Kirche. Wie möchte ich Tag für Tag die Worte meines Gottes hören, statt immer nur die gelben Plastikbälle springen sehen. *(Wie in den Boden sprechend.)* Auf welchen Lieben noch richte ich meinen Blick und freue mich? *(Sie richtet sich auf.)* Ich möchte dieses Dorf verfluchen und seine Bewohner, die nur noch auf das Läuten der elektrischen Kegelbahn hören, ich möchte ihre Mäuler verfluchen, die wie Sparbüchsenschlitze sind, in die nur hineingesteckt wird, wo aber nichts mehr herauskommt. Ich möchte ihre falschen Trachten verfluchen, mit den gipsweißen Strümpfen, den ledernen Sturmriemen vor der Brust und den Hirschhornknöpfen, groß und löchrig wie Totenschädel. Ich möchte auch die Nachkommen verfluchen, die schon auf ihren Kinderbeinen dastehen wie Metzger und dreinglotzen mit den Augen von Gemetzgerten. *(In den Raum.)* Euch Kadavern fehlt nur noch das deutliche Krepieren! Nicht Menschen seid ihr, sondern deren Gegenteil: die Seinsvergessenen! Vielleicht gibt es keine Hölle, aber es gibt den Fluch!

P. Handke: Über die Dörfer; Frankfurt a.M. (Suhrkamp) 1984; S.70-74.

T 4 Wolfgang Borchert: Die drei dunklen Könige

Er tappte durch die dunkle Vorstadt. Die Häuser standen abgebrochen gegen den Himmel. Der Mond fehlte und das Pflaster war erschrocken über den späten Schritt. Dann fand er eine alte Planke. Da trat er mit dem Fuß gegen, bis eine Latte morsch aufseufzte und losbrach. Das Holz roch mürbe und süß. Durch die dunkle Vorstadt tappte er zurück. Sterne waren nicht da.

Als er die Tür aufmachte (sie weinte dabei, die Tür), sahen ihm die blaßblauen Augen seiner Frau entgegen. Ihr Atem hing weiß im Zimmer, so kalt war es. Er beugte sein knochiges Knie und brach das Holz. Das Holz seufzte. Dann roch es mürbe und süß ringsum. Er hielt sich ein Stück davon unter die Nase. Riecht beinahe wie Kuchen, lachte er leise. Nicht, sagten die Augen der Frau, nicht lachen. Er schläft.

Der Mann legte das süße mürbe Holz in den kleinen Blechofen. Da glomm es auf und warf eine Handvoll warmes Licht durch das Zimmer. Die fiel hell auf ein winziges rundes Gesicht und blieb einen Augenblick. Das Gesicht war erst eine Stunde alt, aber es hatte schon alles, was dazugehört: Ohren, Nase, Mund und Augen. Die Augen mußten groß sein, das konnte man sehen, obgleich sie zu waren.

Aber der Mund war offen und es pustete leise daraus. Nase und Ohren waren rot. Er lebt, dachte die Mutter. Und das kleine Gesicht schlief.

Da sind noch Haferflocken, sagte der Mann. Ja, antwortete die Frau, das ist gut. Es ist kalt. Der Mann nahm noch von dem süßen weichen Holz. Nun hatte sie ihr Kind gekriegt und muß frieren, dachte er. Aber er hatte keinen, dem er dafür die Fäuste ins Gesicht schlagen konnte. Als er die Ofentür aufmachte, fiel wieder eine Handvoll Licht über das schlafende Gesicht. Die Frau sagte leise: Kuck, wie ein Heiligenschein, siehst du? Heiligenschein! Dachte er und er hatte keinen, dem er dafür die Fäuste ins Gesicht schlagen konnte.

Dann waren welche an der Tür. Wir sahen das Licht, sagten sie, vom Fenster. Wir wollen uns zehn Minuten hinsetzen.

Aber wir haben ein Kind, sagte der Mann zu ihnen. Da sagten sie nichts weiter, aber sie kamen doch ins Zimmer, stießen Nebel aus den Nasen und hoben die Füße hoch. Dann fiel das Licht auf sie.

Drei waren es. In drei alten Uniformen. Einer hatte einen Pappkarton, einer einen Sack. Und der dritte hatte keine Hände. Erfroren, sagte er, und hielt die Stümpfe hoch. Dann drehte er dem Mann die Manteltasche hin. Tabak war darin und dünnes Papier. Sie drehten Zigaretten. Aber die Frau sagte: Nicht, das Kind.

Da gingen die vier vor die Tür und ihre Zigaretten waren vier Punkte in der Nacht. Der eine hatte dicke umwickelte Füße. Er nahm ein Stück Holz aus seinem Sack. Ein Esel, sagte er, ich habe sieben Monate daran geschnitzt. Für das Kind. Das sagte er und gab es dem Mann. Was ist mit den Füßen? fragte der Mann. Wasser, sagte der Eselschnitzer, vom Hunger. Und der andere, der dritte? fragte der Mann und befühlte im Dunkeln den Esel. Der dritte zitterte in seiner Uniform: Oh, nichts, wisperte er, das sind nur die Nerven. Man hat eben zuviel Angst gehabt. Dann traten sie die Zigaretten aus und gingen wieder hinein.

Sie hoben die Füße hoch und sahen auf das kleine schlafende Gesicht. Der Zitternde nahm aus seinem Pappkarton zwei gelbe Bonbons und sagte dazu: Für die Frau sind die.

Die Frau machte die blassen blauen Augen weit auf, als sie die drei Dunklen über das Kind gebeugt sah. Sie fürchtete sich. Aber da stemmte das Kind seine Beine gegen ihre Brust und schrie so kräftig, daß die drei Dunklen die Füße aufhoben und zur Tür schlichen. Hier nickten sie nochmal, dann stiegen sie in die Nacht hinein.

Der Mann sah ihnen nach. Sonderbare Heilige, sagte er zu seiner Frau. Dann machte er die Tür zu. Schöne Heilige sind das, brummte er und sah nach den Haferflocken. Aber er hatte kein Gesicht für seine Fäuste.

Aber das Kind hat geschrieen, flüsterte die Frau, ganz stark hat es geschrieen. Da sind sie gegangen. Kuck mal, wie lebendig es ist, sagte sie stolz. Das Gesicht machte den Mund auf und schrie.

Weint er? fragte der Mann.

Nein, ich glaube, er lacht, antwortete die Frau.

Beinahe wie Kuchen, sagte der Mann und roch an dem Holz, wie Kuchen. Ganz süß.

Heute ist ja auch Weihnachten, sagte die Frau.

Ja, Weihnachten, brummte er und vom Ofen her fiel eine **Handvoll Licht** hell auf das kleine schlafende Gesicht.

W. Borchert: Das Gesamtwerk; Hamburg (Rowohlt) 1949; S.185-187.

T 5 Hans Bender: Gemeinsam

Das Messer teilt unser Brot
in gleiche Stücke.
Wo deine Lippen am Glas lagen,
trink ich den zweiten Schluck.
Geh in meinen Schuhen!
Wenn der Winter kommt,
wärmt mich dein Mantel.
Wir weinen aus einem Auge,
schließen am Abend die Tür,
allein zu sein. Im Schlaf
greifen deine Träume in meine.

H. Bingel (Hg.): Deutsche Lyrik. Gedichte seit 1945; München 1963; S.37.

T 6 Ernesto Cardenal: Dein Wille, der Liebe ist, geschehe auf dieser Erde

Vater unser
Vater aller Menschen, die wir
Brüder sind.
Hilf, daß dein wirklicher Name, der
Liebe heißt,
uns allen vertraut werde.
Hilf, daß unter uns dein Reich der
Gerechtigkeit und Liebe erschaffen werde,
das einige den
vollendeten Sozialismus nennen.
Dein Wille, der Liebe ist,
der sich im Kosmos vollzieht,
geschehe auf der Erde.
Hilf, daß alle Menschen auf dieser Erde
gesättigt werden.
Wir bitten dich, vergiß unsere Lieblosigkeit,
damit wir uns unsere Lieblosigkeiten verzeihen.
Auf daß wir nicht in die Versuchung kommen,
zur Vergangenheit zurückzukehren,
zu Entwicklungsstufen, die wir schon
überwunden haben.
Und befreie uns vom Übel aller
Unterdrückung.
Amen.

A. Reiser, P. G. Schoenborn (Hg.): Sehnsucht nach dem Fest der freien Menschen; Wuppertal (Peter Hammer) 1982; S.76.

T 7 Advent

I Öffnet euch, ihr Tore, schließt euch auf, ihr Türen:
Der Herr aller Herren will kommen.

II Ihr Himmel tauet den Gerechten,
ihr Wolken, regnet ihn herab.

I Immer freut euch im Herrn,
denn er ist uns nah.

II Komm, Herr, du helles Licht,
und leuchte denen in der Finsternis.

I Der Herr wird kommen, halleluja.

II Herr, zeig uns deine Güte
und schenke uns dein Heil.

I Offen bin ich für dich, mein Gott,
meine Seele erhebe ich zu dir.

II Komm, Herr, komm und erlöse uns
und bring uns deinen Frieden.

G. Wudi (Hg.): Miteinander und Füreinander.
Gebete in der Gemeinschaft St. Valentin; Passau 1975; S. 15.

T 8 Werner Kuchar: Vorweihnacht

Von der Fußgängerzone komm' ich her,
ich muß euch sagen, es weihnachtet sehr.

Die Kaufhäuser duften nach Mandeln und Zimt,
womit man die Menschen zum Einkaufen trimmt.

Die Geschäftsleute sagen, es sei gar nicht wahr,
daß die Preise so steigen zum Ende vom Jahr,

daß durch Kaufhausmusik der Verstand verschwimmt
und nur deshalb überall wer den Nikolaus mimt.

Statt dessen sei alles bestens kontrolliert
(vor allem der Kunde – aber das wird kaschiert).

Nur im Kaufhof gab's Feuerprobleme. Es stimmt,
daß der künstliche Weihnachtsbaum jetzt noch glimmt.

Dabei sollte er halten bis zum Jüngsten Tag;
deutsche Wertarbeit – wer's glauben mag.

Ein Mann weint im Dunkeln, eine Träne rinnt;
keiner sieht's. Frohe Weihnachten – oder so. Wie man's nimmt.

T 9 Paul Roth: Ja oder Nein

Du kannst dir nicht
ein Leben lang
die Türen alle offen halten,
um keine Chance zu verpassen.

Auch wer durch keine Türe geht
und keinen Schritt nach vorne tut,
dem fallen Jahr für Jahr
die Türen eine nach der anderen zu.

Wer selber leben will,
der muß entscheiden:
Ja oder Nein –
im Großen und im Kleinen.

Wer sich entscheidet, wertet, wählt,
und das bedeutet auch: Verzicht.
Denn jede Tür, durch die er geht,
verschließt ihm viele andere.

Man darf nicht mogeln
und so tun,
als könne man beweisen,
was hinter jener Tür geschehen wird.

Ein jedes Ja
– auch überdacht, geprüft –
ist zugleich Wagnis
und verlangt ein Ziel.

Das aber ist die erste aller Fragen:
Wie heißt das Ziel,
an dem ich messe Ja und Nein?
Und: Wofür will ich leben?

(Paul Roth: Wir alle brauchen Gott; Würzburg (Echter) 1975; S.75.)

T 10 Raimund Meisenberger: Neujahrsgebet

Ich wünsche euch nicht,
Daß ihr immer nur gelobt werdet.
Tagein, tagaus, nie ein Wort des Tadels.
Daß all euer Tun von Erfolg gekrönt ist.

Ich wünsche euch nicht,
Daß jeder Verständnis für eure Nöte hat.
Daß in dunklen Tagen
Euch Freunde zur Seite stehen,
Die mit euch alle Sorgen der Welt beseitigen.

Ich wünsche euch nicht,
Daß euch eure Feinde lieben,
Trotz allen Konflikten nie ein böses Wort.
Daß ihr euch wieder versteht, noch bevor
Der Funke des Grolls den Streit entzündet.

Ich wünsche euch nicht,
Daß euch zeitlebens Glück beschert ist,
Daß ihr, stets zufrieden, euch der Welt erfreuen könnt
Wie ein Kind, dem Sonne oder ein alter Baum reichen,
Um glücklich zu sein.

Ich wünsche euch nicht,
Daß euer Glaube immer fest besteht,
Daß er wie ein Fels alle Zweifel zermalmt,
Die euch von Gott entfernen könnten.

All dies sind Wünsche ohne Wirklichkeit.
Illusionen ohne Hoffnung auf Erfüllung.

Ich wünsche euch nicht,
Daß ihr immer nur gelobt werdet.
Aber ich wünsche euch,
Daß ihr hin und wieder einen Menschen findet,

Der eure Leistungen anerkennt
Und eure Person zu schätzen weiß.

Ich wünsche euch nicht,
Daß jeder Verständnis für eure Nöte hat.
Aber ich wünsche euch,
Daß ihr einen guten Freund findet,
Der euch zuhört, euch versteht
Und in euren Sorgen beisteht.

Ich wünsche euch nicht,
Daß euch eure Feinde lieben.
Aber ich wünsche euch,
Daß eure Mitmenschen bereit sind, aber auch ihr selbst bereit seid,
Ein verletzendes Wort zurückzuhalten,
Ein »Entschuldigung« auszusprechen
Und Versöhnung zu wagen.

Ich wünsche euch nicht,
Daß euch zeitlebens Glück beschert ist.
Aber ich wünsche euch,
Daß ihr wieder lernt und versteht:
Das große Glück besteht aus vielen kleinen,
Aus dem kleinen Spatz vor der Kirche,
Aus dem leckeren Abendessen mit Freunden
Und aus dem guten Gespräch.

Ich wünsche euch nicht,
Daß euer Glaube immer fest besteht.
Aber ich wünsche euch,
Daß ihr eure Zweifel im Glauben überwinden könnt,
Und Gott damit wieder ein Stück mehr verstehen könnt.

Ich wünsche euch,
Daß diese Feier euch daran erinnert, daß es jemanden gibt,
Der uns bei Entscheidungen helfen kann,
Der uns in Trauer trösten kann,

Der uns in Freude und Glück begleiten kann
Und sich mit uns freut.
Er kann unsere Sehnsüchte, unseren Hunger stillen,

… Wenn wir nur wollen. Wenn wir uns öffnen und »Ja« sagen zu Dir, unserm Gott.
Amen.

(zu den kursiv gesetzten Abschnitten vgl. »Ins gute neue Jahr« S. 94)

T 11 Christa Peikert-Flaspöhler: Alphabet des Friedens

Achtung und Arbeit
Äcker und Abrüstung

Brüderlichkeit und Brot
Brunnen und Blumen
Betlehem

Caritas
Christus

Dienen und danken

Ehrfurcht und Einigung
Entschlußkraft, Erfüllung
Evangelium

Freiheit und Freude
Freundschaft und Feste

Gerechtigkeit und Geduld
Güte und Großmut
Gastfreundschaft und
Gemeinschaft

Hilfsbereitschaft
und Hoffnung
Herz und Hände
Heimat

Innerlichkeit
Ideen

Jawort
Jetzt, Jeder

Kinderlachen und Kornfelder
Kommunikation,
Konsequenz

Liebe
Lernbereitschaft, Langmut

Menschenwürde,
Meinungsfreiheit
Mütter, Mut

Nächstenliebe

Offenheit,
Ölzweig

Partnerschaft und Phantasie

Quellen

Reis und Rosen

Saaten und Spielplätze
Solidarität

Teilen

Umkehr

Vergebung und Verständnis,
Versöhnung und Vertrauen
Verantwortung

Wege
Weinberge und
Wiegenlieder, Wahrheit

Zuneigung, Zärtlichkeit

Zitiert nach KJG-Bundesleitung (Hg.): Beten durch die Schallmauer; Düsseldorf 1989; S.180.

T 12 Psalm 50 (transformiert)

Mitten unter den Menschen wird Gott zum Ereignis,
unser Gott ist gekommen,
in der Sprache der Menschen läßt er sich hören.
Unruhe stiftet er in den Herzen der Menschen;
wo er ist, reißt er die Menschen aus ihrem Schlaf.
Himmel und Erde ruft er zusammen,
weil er Gericht halten will über sein Volk.

»Ruft die zusammen, die ich in der Taufe geheiligt habe,
die in der Feier der Eucharistie den Bund mit mir geschlossen.
Höre, mein Volk, ich will reden,
höre, christliche Kirche, gegen dich will ich Strafantrag stellen.
Ich, der Herr, bin dein Gott.
Nicht weil du Eucharistie feierst, will ich gegen dich klagen,
sondern weil du dich ständig auf Christus berufst,
doch dich nicht kümmerst um seinen Geist.

Die Zehn Gebote weißt du auswendig aufzusagen,
das Wort ›Gott‹ geht dir leicht von den Lippen.
Doch wie alle andern lebst du vom Reichtum,
den man der Dritten Welt vorenthält.
Wie alle andern lachst du über den Ehebruch,
den Kino und Illustrierte dir zeigen.
Wie alle andern verbreitest du Vorurteile,
plapperst nach, was sie alle sagen.
Auch du hast nur Verachtung übrig für Asoziale,
Zigeuner und Türken,
und die Leute vom Asylbewerberheim betrachtest du nicht
als deine Geschwister.

So steht es mit dir, und da meinst du, ich würde schweigen!
Du denkst wohl, ich wäre genauso wie du. Genau so,
wie du mich gern hättest.
Ich rede dir ins Gewissen,
ich will dein Bewußtsein verändern.

Zwar redet ihr viel von Gott,
doch tatsächlich spielt er bei euch keine Rolle.
Seht es ein, sonst gibt es für euch keine Rettung!
Nicht Äußerlichkeiten ehren mich,
nur wer versucht, mit allen Menschen solidarisch zu sein,
weil alle meine Söhne und Töchter sind,
beginnt etwas von meinem Reich zu ahnen
und wird sein Kommen erfahren.«

U.Seidel / D.Zils (Hg.): Aktion Gottesdienst; Wuppertal (Peter Hammer) 1979; S.311/312.

T 13 Werner Kuchar: Willkommen

Willkommen seid ihr hier im Haus
nach zwei kurzen Wochen.
Noch hat der ganze Weihnachtsschmaus
sich nicht ganz verkrochen.

Noch liegt im Raum das Christbaum-Licht,
bunt verzaubert knisternd,
Geschenke, die vergißt du nicht,
von Eltern und Geschwistern.

Willkommen seid ihr hier im Haus,
denn draußen – sieht es dunkel aus,
Schneeluft, stürmisch, eisig.

Das neue Jahr nimmt uns in Pflicht,
ganz nüchtern zeigt es sein Gesicht;
der Christbaum?: nichts als Reisig.

Vom gleichen Autor

Du nervst guter Gott!

Ökumenische Wort-Gottesdienste für Jugendliche

1998, 128 Seiten, Kartoniert; ISBN 3-451-26655-5

Neue unverbrauchte Impulse für Gottesdienste, die bei Jugendlichen ankommen:

- weil diese selbst miteinbezogen sind bei der Planung und Durchführung,
- weil Themen und Texte einen aktuellen Bezug haben zum Leben von jungen Menschen,
- weil die Gottesdienste sich durch die Einbeziehung von Symbolen und Sinneserfahrungen auch für »unerfahrene« Kirchengänger empfehlen.

Wenn »Gott noch nervt«, ist das schon ein gutes Zeichen. »Das nervt« verschleiert ja oft, daß ein Thema die Jugendlichen im Innersten berührt und somit vielleicht auch für das Leben Bedeutung bekommen kann.